東京・大阪　名店の味が再現できる!

ひみつの町洋食レシピ

CONTENTS

港町

サイドメニュー

ソース

Column

表紙：「銀座 日東コーナー」（P48）
撮影：深澤慎平

マーク凡例

調理のポイント、アドバイス

電話番号　営業時間（オープンからクローズまでの時間を記載しています）　休 定休日（原則として年末年始・お盆休み・GW・臨時休業を省略しています。「祝日」には「振替休日」が含まれる場合もあります）　交 交通（アクセスの一例。所要時間はだいたいの目安です）

【ご注意】
※表示価格は原則として取材時点での税率をもとにした消費税込みの金額を記載しています。別途サービス料がかかる場合もあります。本書発行後、金額が改定される場合もあります。※本書に掲載された内容による損害等は弊社では補償しかねますので、あらかじめご了承ください。

町洋食の名店レシピ

「大好きなあの味を おうちで再現できたなら…」

オムライス、ハンバーグ、グラタン、コロッケ……。みんな大好きな定番の洋食メニューも、プロの技で一気に本格的な味わいに。東京・大阪で長きにわたって愛される洋食店の〝ひみつのレシピ〟をご紹介。

王道メニュー

オムライス、ハンバーグ、グラタン、
コロッケは、家庭での登場率も高い
王道洋食メニュー。いつもの作り方に
ひと手間加えると、名店の味に大変身！

王道メニュー

「北極星 心斎橋本店」（P97）が教える チキンオムライス

あっさり味のチキンライスが特製ソースの旨味とマッチ

野菜たっぷりの特製オムライスソースをかければ店の味にぐっと近づく

〈 材料（1人分）〉

卵（Lサイズ）… 2個
ラード … 適量
北極星 特製 オムライスソース（P105参照・ケチャップでも可）… 70ml
甘酢しょうが … 適量

■ チキンライス
鶏もも肉 … 50g
玉ねぎ … 30g
ラード … 大さじ1/2
溶き卵 … 少々
ご飯 … 160g（茶碗1杯分）
塩 … 少々
こしょう … 適量
旨味調味料（グルタミン酸系）… 適量
ケチャップ … 大さじ1/2
Ⓐ しょう油 … 小さじ1/4
Ⓐ 酒 … 小さじ1/2
Ⓐ 水 … 小さじ2/3

チキンオムライスの作り方

1

チキンライスを作る。鶏もも肉は1cm角に、玉ねぎは5mm角に切る。Ⓐは混ぜ合わせておく。

2

ボウルに卵を割り入れてしっかり溶く。

溶いてからザルで漉すと白身の塊がなくなり、きめの細かい卵のオムライスができる。

3

強火で熱したフライパンにラードを入れ、鶏肉に焼き色がつくまで炒めたら、玉ねぎを加えて火が通るまでさらに炒める。

4

具材に火が通ったら2の溶き卵を少量加えて混ぜ合わせ、ご飯を加えてなじんだら火を止める。

少量の卵を入れることで鶏肉の肉汁でベタつくのを防ぐ。

5

塩、こしょう、旨味調味料、Ⓐを加えたら再び火にかけ、ダマを崩しながらムラなく湯気が立つまでしっかりと炒める。

6

味を確かめ、全体的にまとまったらケチャップを加える。ご飯の白い部分がなくなるまで手早く混ぜ合わせ、皿に取り出す。

ケチャップを加えてから炒め過ぎると焦げるため、なじむ程度でOK。

7

フライパンを強火で熱して適量のラードを入れ、2を一気に流し入れる。外側から内側へ円を描くように、空気を含むようにかき混ぜて半熟状に仕上げる。

8

卵の中心が半熟状になったら6を卵の中心に置いて平たく広げる。

9

フライパンを奥に傾け、縁を利用しながらチキンライスを包む。卵のつなぎ目が真下にきたら、皿にのせる。

10

温めておいたオムライスソースをかけ、甘酢しょうがを添えたら完成。

「グリルグランド」（P92）が教える

特製オムライス

3世代に愛される
とろとろ卵のオムライス

ふわとろオムレツに、デミグラスソースをたっぷりかけた濃厚な味

〈 材料（2人分）〉

■ バターライス
米 … 1合
バター … 10g

■ オムレツ（1人前）
卵（Mサイズ）… 3個
バター … 10g

■ チキンライス
鶏もも肉 … 50g
玉ねぎ … 30g
マッシュルーム … 20g
オリーブオイル … 少々
バター … 10g
白ワイン … 小さじ1
塩、こしょう … 各少々
ケチャップ … 50ml

デミグラスソース … お好みの量
（レシピは→P88参照）

特製オムライスの作り方

1
バターライスを作る。洗った米にバターを加え、通常通りに炊飯する。炊き上がったらよく混ぜ、保存容器に移す。粗熱が取れたら蓋をして冷蔵庫で一晩おき、常温に戻しておく。

2
鶏もも肉は1cm角に切る。玉ねぎはみじん切り、マッシュルームは薄切りにする。

3
フライパンにオリーブオイルとバターを入れて強火で熱し、鶏もも肉を加えて炒める。

4
鶏もも肉に火が通ったら、玉ねぎとマッシュルームを加えて炒める。

5
玉ねぎがしんなりしたら、白ワイン、1、塩、こしょうを加えてよく炒める。

おたまでご飯を潰すようにして炒めることで、ダマをなくす。

6
具材がしっかり混ざったらケチャップを加えて手早く炒め、米粒がパラリとしたら火を止めて、皿に移しておく。

パラパラとした食感に仕上げるために、ケチャップを入れてから炒め過ぎないこと。

7
オムレツを作る。卵はよく溶く。強火で熱したフライパンにバターを溶かしたら、溶き卵を一気に流し入れ、菜箸でぐるぐると円を描くように15秒ほど手早く混ぜる。

フライパンの縁から卵が固まってくるので、固まったらはがして内側に混ぜていく。

8
半熟になったら火を止め、奥から手前、手前から奥に折りたたむように卵を包んでいく。ヘラを使って裏返し、卵の継ぎ目に火を通す。

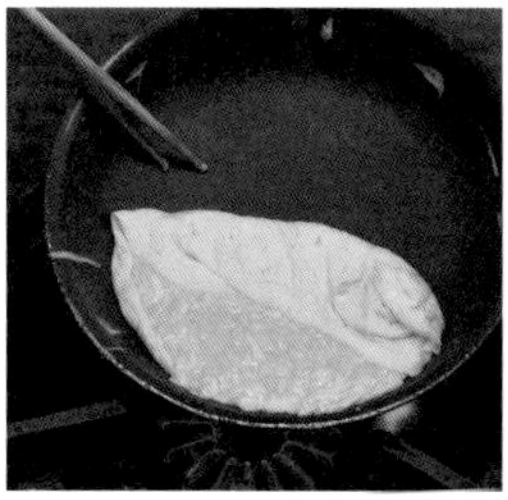

フライパンを傾けながら、成形していく。

9
チキンライスの上にオムレツをそっとのせ、ナイフで切り込みを入れて左右に広げる。よく温めたデミグラスソースをかけたら完成。

「モンブラン 浅草店」(P92)が教える

和風ハンバーグ

肉汁があふれ出る
食べ応え抜群のハンバーグ

成形時に空気をしっかりと抜くことで高さのあるハンバーグに！

〈 材料（3人分） 〉

牛ひき肉 … 450g
玉ねぎ … 100g
サラダ油 … 大さじ1
ラード … 適量
卵 … 1個
赤ワイン … 大さじ2
パン粉 … 100g
塩 … 少々
白こしょう … 少々

■和風ソース
玉ねぎ（すりおろす）… 1個
水 … 100ml
赤ワイン … 100ml
しょう油 … 大さじ3
にんにくチップ（市販）… 1片分
砂糖 … 少々
黒こしょう … 少々

1
和風ソースを作る。玉ねぎと水を鍋に入れ、アクを取りながら弱火で10分ほど煮る。

2
別の鍋に赤ワインを入れ、アクを取りながら中火で5分ほど煮詰めたら**1**に加える。

3
しょう油、にんにくチップ、砂糖、黒こしょうを加え、よく混ぜたら完成。

味をなじませるために冷蔵庫で2～3日寝かせると良い。

4
ハンバーグを作る。玉ねぎはみじん切りにする。フライパンにサラダ油とラードを熱し、玉ねぎを中火で5分ほど炒めたら、冷蔵庫で一晩寝かせる。

5
ボウルに牛ひき肉、卵、赤ワイン、パン粉、塩、白こしょう、**4**を入れ、脂が白くなって粘り気が出るまで全体を練り混ぜる。

6
5を成形する。下の手に叩きつけて空気を抜きながら球形にする。表面をなだらかにすると焼き上がりもきれいに。

しっかりと空気を抜くことで中に肉汁を閉じ込め、ジューシーなハンバーグに。

7
ラードを熱したフライパンに**6**を入れ、中火で両面を1分30秒ずつ焼く。

この後オーブンで加熱するので表面が焼けたら取り出してOK。

8
天板に**7**をのせ、300℃に予熱したオーブンで10～12分ほど加熱して中まで火を通す（180℃の場合は15～16分ほど）。

電子レンジで加熱する場合は600Wで2分ほど、500Wで3分ほどが目安。

9
付け合わせとともに皿に盛り付け、あたためた**3**をかけたら完成。

付け合わせはパスタ、いんげん、コーンがおすすめ。

「グリルグランド」（P92）が教える

煮込みハンバーグ

デミグラス缶をアレンジして
本格的な味わいに

弾力のあるハンバーグに、ほろ苦いデミグラスソースがベストマッチ

〈 材料（2人分）〉

合いびき肉 … 300g
玉ねぎ … 1と1/2個
食パン … 1枚
バター … 20g
塩、こしょう … 各少々
卵 … 1個
牛乳 … 50ml
ナツメグ（あれば）… 少々
サラダ油 … 少々
デミグラスソース … 適量（レシピは→P88参照）
パセリ … お好みで

煮込みハンバーグの作り方

1

玉ねぎはみじん切りにする。食パンは耳を切り落としてすりおろし、パン粉にしておく。

乾燥パン粉より生パン粉の方が、肉の旨味を吸いやすい。パン粉は細かくても粗くてもOK。

2

強火で熱したフライパンにバター、玉ねぎ、塩、こしょうを入れて炒める。

3

水分が飛んだら、バットに移して冷蔵庫で1時間ほど冷やす。

4

ボウルに**1**のパン粉、**3**、卵、牛乳を入れてよく混ぜる。

5

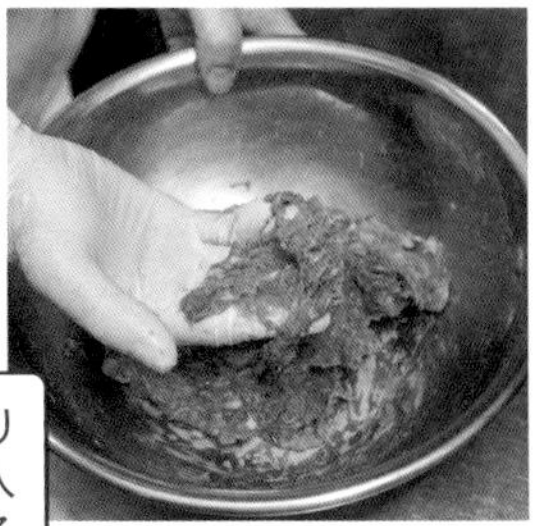

別のボウルに合いびき肉、塩、こしょう、ナツメグを入れて練る。

粘りが出るまでしっかりと練ること。ナツメグを入れるとより風味豊かになるが、なければ省略可。

6

4を加えてさらによく練ったら、ラップをして1時間ほど冷蔵庫で寝かせる。

7

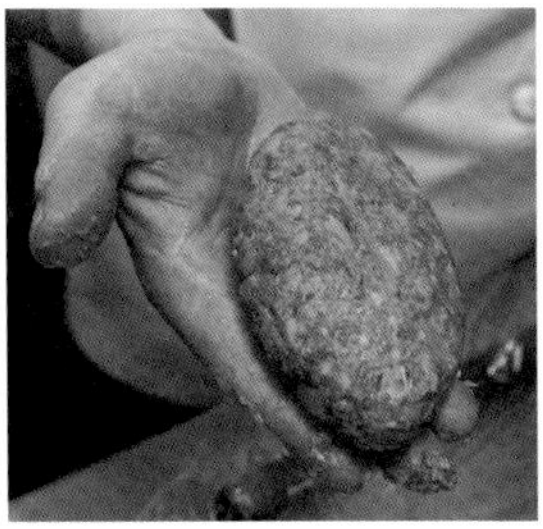

6を成形する。両手の間で軽く投げるようにして空気を抜きながら楕円型に丸めていき、2cmほどの厚みに仕上げる。

8

フライパンにサラダ油を入れて強火で熱し、煙が出てきたら中火にしてハンバーグを両面焼く。煮込みハンバーグなので両面に焼き目がついたら取り出す。

焼き始めの30秒は触らないこと。ハンバーグの側面は、フライパンの縁を使うと上手に焼ける。

9

よく温めたデミグラスソースにハンバーグを加え、蓋をして弱火で7分ほど煮込む。ハンバーグから肉汁が出てきたら器に盛り、パセリを添えたら完成。

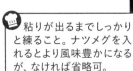

「銀座 日東コーナー」(P93)が教える

チキングラタン

寒い季節に恋しくなる
塩分控えめのやさしいグラタン

ソースは冷凍しておく
とパスタやドリアなど
幅広いメニューで活躍

〈 **材料**(2人分 ※ソースは約6人前) 〉

鶏もも肉 … 1枚
塩 … ひとつまみ
サラダ油 … 大さじ1／小さじ1
白ワイン … 50ml
しめじ … 1/2パック
ペンネ … 100g

シュレッドチーズ、
ドライパン粉 … 各適量

Ⓐ
ホワイトソース(市販)… 約300g
牛乳 … 400ml
レモン果汁 … 5ml
白みそ … 10g

Ⓑ
玉ねぎ … 1/4個
長ねぎ … 1/3本

チキングラタンの作り方

1

鶏もも肉は5cm角に切る。しめじは石づきを取る。Ⓐは混ぜ合わせておく。Ⓑはみじん切りにする。

2

深めの鍋にサラダ油大さじ1を入れて中火にかける。1の鶏もも肉、塩を入れて焼き目がつくまで炒めたら、鶏もも肉から出た脂ごとボウルに取り出す。

3

2の鍋にサラダ油小さじ1、Ⓑを入れ、中火で炒める。

4

全体がしんなりしたら白ワインを加え、木ベラなどで焦げ目をこそげ落とす。

焦げ目は旨味成分なのでしっかりこそげ落とすこと。

5

しめじを加えて中火で炒め、玉ねぎが透明になったら2を加えてさらに炒める。

6

鶏もも肉にしっかり火が通ったらⒶを加え、焦がさないようにかき混ぜながら中火で加熱し、ふつふつしてきたらソースの完成。

隠し味として白みそを加えることで、ソースのコクがアップ。

7

別の鍋に湯（分量外）を沸かし、ペンネをゆでる。

パッケージの記載時間から1〜2分差し引いてゆでると、食べる時にちょうど良いアルデンテに仕上がる。

8

鍋に6のソース200g、水気を切った7を入れて中火で炒め、ソースがふつふつしてきたら半量ずつ耐熱皿に盛る。

ソースが固い場合は、牛乳（分量外）で好みのとろみ加減に調整して。

9

8にシュレッドチーズをのせてオーブントースターで加熱する。チーズが溶けたらドライパン粉をのせ、軽く焦げ目がつくまで加熱したら完成。

お好みでタバスコやバジルソースでアクセントを加えると、違った味わいを楽しめる。

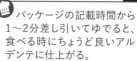

「はやしや」(P93)が教える

エビのマカロニグラタン

具材とソースが絡み合う エビたっぷりの贅沢グラタン

一度に2皿食べる人もいるという、季節を問わず人気の熱々メニュー

〈 材料(2人分) 〉

無頭エビ(11〜12cm)… 10尾

A
- カットマカロニ(ペンネでも可)… 80g
- 塩 … 大さじ1
- サラダ油 … 少々

バター … 10g/5g/10g
玉ねぎ(薄切り)… 1/4個
マッシュルーム(スライス缶)… 40g
ローリエ … 1枚
塩、こしょう … 各適量
生クリーム … 40ml
粉チーズ … 5g
白ワイン … 50ml
レモン汁 … 1と1/2個分
ピザ用チーズ … 100〜120g
粉チーズ … 10g
パセリ(乾燥)… 適量

■ベシャメルソース
牛乳 … 450ml
バター … 30g
薄力粉(ふるう)… 30g

エビのマカロニグラタンの作り方

1
エビは殻をむいて背ワタを取り除き、腹面に斜めに切り込みを入れてエビを伸ばす。塩、こしょうを軽く振って、冷蔵庫で冷やしておく。

2
鍋にたっぷりの湯を沸かし、Ⓐを入れて袋の表示通りにゆでたらザルにあげておく。

3
フライパンにバター10gを熱し、玉ねぎを入れてしんなりするまで炒める。水気を切ったマッシュルームを加えてさっと炒め、2を加えて全体がなじむまでさらに炒める。

4
ベシャメルソースを作る。電子レンジで牛乳を温め、350mlと100mlに分けておく。

5
鍋を弱火にかけ、バター30gを溶かす。薄力粉を加え、色がつかないように木ベラで鍋底からまんべんなく混ぜる。5分ほど混ぜ、なめらかになったら火を止める。

6
4の牛乳350mlを加えて泡立て器で素早くかき混ぜる。強火にかけてさらにかき混ぜ、とろみがついたら中火にして4の牛乳100mlを加える。全体にとろみがつくまで混ぜたらベシャメルソースの完成。

7
6に3、ローリエを加えて中火にかけ、鍋底が焦げつかないように木ベラで混ぜる。沸騰したら弱火にして塩、こしょうで味をととのえる。生クリーム、粉チーズを加えて混ぜ、全体がなじんだら火を止める。

生クリームは動物性で乳脂肪35%以上のものを使うと風味、コクが出る。

8
強火で熱したフライパンにバター5gを溶かし、1を並べる。白ワインとレモン汁を加えて蓋をし、焦げないようにゆすりながら中火で蒸し煮にする。

蒸し煮の目安はエビの腹が透き通るくらいまで。

9
グラタン皿の内側にバター（分量外）を薄く塗り、7を盛る。8のエビを並べ、フライパンに残ったソースを少量かける。

10
ピザ用チーズ、粉チーズ、バター各5gをのせ、220°Cに予熱したオーブンで焼き色がつくまで加熱する。パセリを振って完成。

「復刻西洋食堂 紅梅ダイナー」（P97）が教える

コロッケ

ホクホク食感がたまらない！
しょう油が隠し味の懐かしコロッケ

ソースなしでも下味だけで十分美味しい！ サクサク食感の理想のコロッケ。

〈 材料（10個分）〉

じゃがいも … 500g
サラダ油 … 少々
玉ねぎ（みじん切り）… 100g
塩 … 2つまみ
合いびき肉 … 150g
Ⓐ 塩こしょう … 3g
Ⓐ 黒こしょう … 1g
Ⓑ ナツメグ … 0.5g
Ⓑ クローブ（あれば）… 少々
しょう油 … 小さじ2
粉ゼラチン（あれば）… 5g
小麦粉（ふるう）… 適量
パン粉 … 適量
揚げ油 … 適量
キャベツ（千切り）… 適量
ウスターソース … 適宜
■バッター液
水、卵、小麦粉（ふるう）… 適量
（1:1:1になる分量）

コロッケの作り方

1
鍋に3%の塩水（水1ℓあたり塩大さじ2が目安）、皮つきのじゃがいもを入れて火にかけ、沸騰直前の火加減で20〜30分ほどゆでる。竹串が中心までスッと刺さればOK。

沸騰させるとじゃがいもの皮が破れ、水分が入って水っぽくなるので注意。

2
熱いうちに**1**の皮をむき、食感を残すため粗めに潰す。

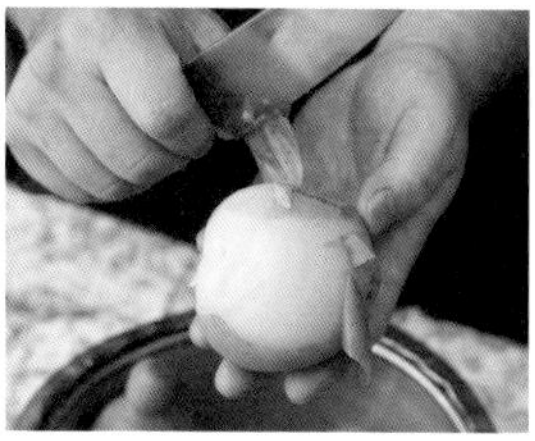

3
フライパンにサラダ油、玉ねぎ、塩を入れ、水分が蒸発するまで中火でじっくり炒める。

4
合いびき肉を加えて炒める。肉に火が通ったら**Ⓐ**を加えて弱火にし、香りが立つまでじっくり炒める。

5
Ⓑを加えて少し炒めたら、しょう油を加えて水分を飛ばすように強火でさらに炒める。

6
2に**5**、粉ゼラチンを加え、熱々のうちに混ぜ合わせる。

ゼラチンを加えると衣が破れにくくなる。

7
6をバットに広げて、5°Cくらいになるまでしっかり冷蔵庫で冷やす。

8
7を冷蔵庫から取り出して常温に戻し、10等分にして小判形や俵形に成形する。ふるった小麦粉をまんべんなくまぶし、余分な粉をしっかり落とす。

9
バッター液を作る。ボウルに水、卵、ふるった小麦粉を入れて泡立て器で混ぜ、冷蔵庫で30分寝かせる。

10
菜箸に刺した**8**を**9**にくぐらせ、生パン粉の中に置く。

11
菜箸を刺した穴はふさぎ、パン粉で包み込むようにしてまんべんなく衣をつける。

12
160°Cに熱したサラダ油に**11**を入れる。浮かび上がってくるまで6分ほど揚げたら取り出して油を切り、キャベツを盛った皿にのせる。お好みでウスターソースをかけて完成。

料理に合わせて使い分け

知っておきたいパン粉のアレコレ

乾燥パン粉と生パン粉の違いとは?

「乾燥」と「生」の違いはズバリ、パン粉に含まれる水分量!
食感、賞味期限、保管方法が異なるので、それぞれの特徴を覚えよう。

乾燥パン粉

水分値が14%以下

[見た目・食感]
粒が小さくカリカリ
[賞味期限]
約10か月(開封前)
[保管方法]
開封前は常温保管。
開封後は密閉容器に入れ冷暗所で保管。

生パン粉

パンをくだいたもの
(乾燥しないもの)

[見た目・食感]
粒が大きくサクサク
[賞味期限]
約3か月(開封前)
[保管方法]
開封前は常温保管。
開封後は冷凍庫へ。

料理に合ったパン粉の選び方!

パン粉は粒の粗さによって大きく3つの種類に分けられる。
ボリュームを出すなら粗目、短時間で調理するなら細目など、好みに合わせて使い分けよう。

- フライにボリューム感が出る
- トンカツなどに合う

- 一般的によく使用される
- サクサクの食感
- どんなフライ料理にも合う

- 具材の火の通りが早い
- 油切れが良い
- コロッケ、串カツなどに合う

〈フライのパン粉が余ってしまったら〉

生肉などの具材が触れた部分は、衛生面を考慮して捨てるのがベター。きれいな状態のパン粉であれば、アレンジメニューに活用するのもおすすめだ。袋に多く余ったパン粉は、上記の適切な方法で管理し、なるべく早く使い切ろう!

アレンジ例

- ●オムレツに加える(生パン粉がおすすめ)
- ●スープに加えてオニオングラタンスープ風に
- ●余ったパン粉・卵・牛乳・千切りキャベツを混ぜてお好み焼き風に

情報提供:フライスター株式会社

焼く
揚げる
煮る

多彩なソースに合うように、絶妙な火加減で「焼く」。
適切に下処理し、たっぷりの油でジュワッと「揚げる」。
素材の旨味を引き出すように、じっくり「煮る」。
基本の調理法を覚えたら、どんなメニューも怖くない！

焼く

「レストラン大宮 浅草本店」（P94）が教える

鶏の蒸し焼き 粒マスタードソース

しっとりやわらかな鶏むね肉とマスタードソースのハーモニー

伝統的なフランス料理のソースを生かした創業から変わらない味

〈 材料（1人分）〉

鶏むね肉 … 150g
塩、黒こしょう … 各適量
小麦粉 … 適量
サラダ油 … 大さじ1
無塩バター … 適量

■ 粒マスタードソース
エシャロット（みじん切り。玉ねぎでも可）… 大さじ1
赤ワイン … 大さじ3
デミグラスソースの素 … 大さじ1
（レシピは→P89参照）
粒マスタード … 大さじ1
生クリーム … 大さじ5
無塩バター … 10g

1

鶏むね肉は皮を取り、両面に塩、黒こしょうを振って小麦粉をまぶす。

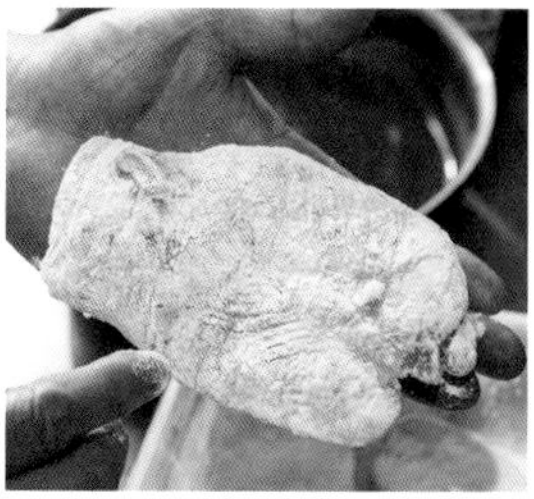

2

フライパンにサラダ油を熱し、香りづけの無塩バターを加える。1を入れ、8分ほどかけて両面を弱火でソテーする。

パチパチと音が立たないくらいの低温で、じんわり火を通していく。

3

何度かひっくり返しながら、身に弾力が出るまで火を通す。

焼くというより、油で煮るイメージ。表面を焦がさないように注意。

4

3を皿に取り出し、火にかけた時間と同じくらい寝かせておく。

5

粒マスタードソースを作る。3のフライパンに、無塩バターを入れて中火で溶かす。

6

みじん切りにしたエシャロットを加えて、少ししんなりするまで中火で炒める。

7

赤ワイン、デミグラスソースの素、粒マスタード、生クリームの順に加えて、とろみがつくまで中火で煮詰める。

植物性油脂が入ったホイップクリームはNG。煮詰まりやすい乳脂肪分の高い生クリームを選んで。

8

無塩バターを加えて溶かし、味をととのえたらソースの完成。

9

4の表面をフォークなどで軽く押さえながら、薄く広めのそぎ切りにする。

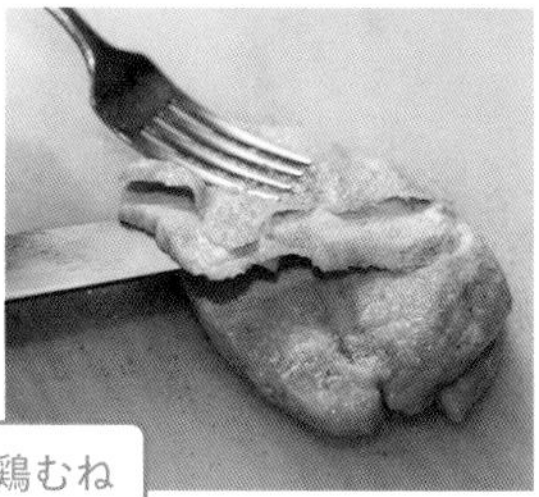

寝かせてしっとりさせた鶏むね肉を薄く広めに切ることで、よりやわらかな食感に感じられる。

10

好みの付け合わせとともに皿に盛り付けて塩、黒こしょうを振り、粒マスタードソースをかけたら完成。

「キッチンマカベ」（P94）が教える

サーモンムニエル

外はカリカリ、中はふっくら
バターとしょう油が香ばしい！

サーモンの皮目をパリッと焼くことが美味しく仕上げるポイント

〈 材料（2人分） 〉

サーモン（切り身）… 2切れ（1切れ120gが目安）
酒 … 適量
小麦粉 … 適量
塩、こしょう … 各適量
サラダ油 … 大さじ1と1/2
酢 … 大さじ1
しょう油 … 小さじ1
無塩バター … 16g
タルタルソース（市販）… 適量
レモン … 適量（くし形切り）

サーモンムニエルの作り方

1

サーモンは酒を振りかけて10分ほどおき、臭みを消しておく。

2

キッチンペーパーでサーモンの水気を取り、塩、こしょうで下味をつける。

3

2の両面にまんべんなく小麦粉をまぶす。余分な粉ははたいて落とす。

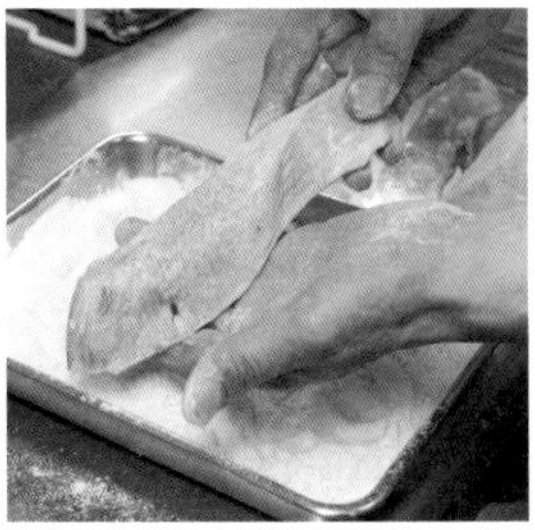

4

フライパンにサラダ油を熱し、3の皮目を上にして並べる。サーモンに焼き色がつくまで中火でじっくりと焼く。

5

焼き色がついたら裏返し、中火のまま加熱する。焼き色がついたら弱火にする。

6

焼きムラを防ぐため左右の位置を入れ替え、キッチンペーパーで余分な油を拭き取る。蓋をして弱火で1分（厚切りの場合は2分）蒸し焼きにする。

ソースの分離を防ぐために油はしっかり拭き取ること。

7

蓋を取りサーモンに竹串を刺し、中まで火が通っていることを確認する。

サーモンから竹串がスッと抜ければOK。

8

酢を振りかけて強火にし、フライパンをゆすりながら全体を少し煮詰める。

9

サーモンにしょう油をかけてバターを加える。フライパンを回しながらバターを溶かし、とろみがついたら完成。好みの付け合わせとともに皿に盛り付け、タルタルソース、レモンを添えたら完成。

店ではライスと提供するため、味付けにはしょう油を使用。パンと合わせる時にはしょう油の代わりに塩ひとつまみを入れるのがおすすめ。

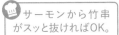

「キッチンマカベ」(P94)が教える

ポークジンジャー

厚切りの豚ロースと
特製ソースの共演!

ソースは豚バラ肉とも
好相性。多めに作って
ストックしても◎

〈 材料(2人分) 〉

豚ロース肉 … 2枚(1枚130gが目安)
塩 … 少々
サラダ油 … 大さじ1
小麦粉 … 適量

■ジンジャーソース(4〜5人前)

Ⓐ
- みりん … 大さじ4
- りんごジュース(果汁100%)… 大さじ4
- 玉ねぎ(すりおろす)… 大さじ2
- しょうが(すりおろす)… 大さじ1
- にんにく(すりおろす)… 少々

しょう油 … 大さじ4

ポークジンジャーの作り方

1

ジンジャーソースを作る。Ⓐを鍋に入れ、強火でひと煮立ちさせる。しょう油を加えて再びひと煮立ちさせたらアクを取り、ボウルに移して氷水で冷やしておく。

加熱することで、しょう油の風味が際立ち、日持ちするようになる。冷蔵庫で約10日間保存可能。

2

豚ロース肉は筋を切り、塩で下味をつける。

脂身と赤身の間に切り込みを入れて筋切りをしておくことで、加熱した時に肉が収縮して反り返ってしまうのを防ぐ。

3

両面にまんべんなく小麦粉をまぶす。余分な粉ははたいて落とす。

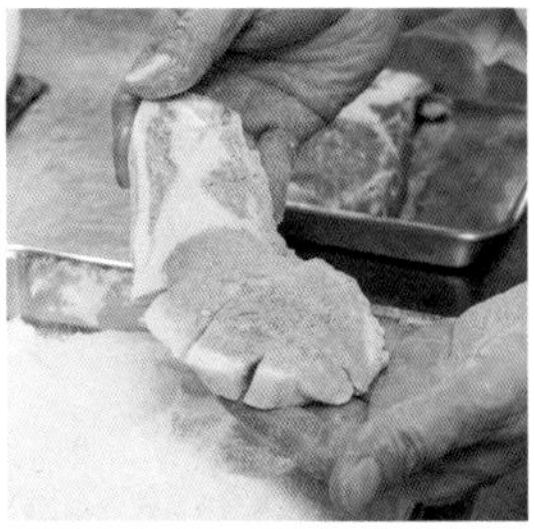

4

強火で熱したフライパンにサラダ油をひき、3をのせる。きれいな焼き色がつくまで中火でじっくりと火を通す。

5

焼き色がついたら裏返し、ある程度火が通ったら弱火にする。

6

余分な油をキッチンペーパーで拭き取り、蓋をして弱火で火を通す。2分経ったら火を止め、1分蒸らす。

7

蓋を取り、竹串を刺して火が通ったか確認する。透明な汁が出ればOK。

ピンク色の汁が出たら火の通りが不十分なので追加で2〜3分蒸らす。

8

豚ロース肉1枚に対して、ジンジャーソース大さじ2をかけて強火でさっと全体に絡める。好みの付け合わせとともに皿に盛り付けたら完成。

「新富士本店」（P98）が教える

ポークチャップ

外はカリッ、中はジュワッ！
分厚くてもペロッと食べられる

店では果物や野菜を5日間煮込んだ自家製デミグラスソースを使用

〈 材料（1人分）〉

豚リブロース肉
（店では鹿児島県産もち豚を使用）… 1枚（320〜330g）
塩、粗びき黒こしょう … 各少々
小麦粉 … 適量
サラダ油 … 大さじ2
白ワイン … 大さじ2
デミグラスソース（市販）… 適量
レモン（輪切り）… 適量
練り辛子 … 適量

ポークチャップの作り方

1

豚リブロース肉は筋の部分に切り目を入れ、叩く。

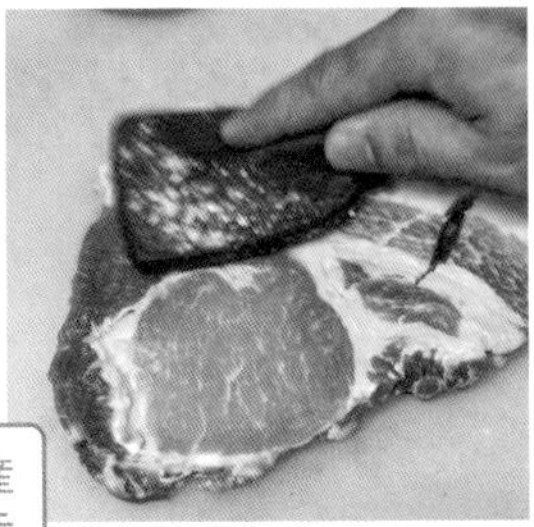

豚リブロース肉は、国産の厚みのあるもの（トンテキ用）がおすすめ。

2

豚リブロース肉の片面に塩、粗びき黒こしょうを振る。

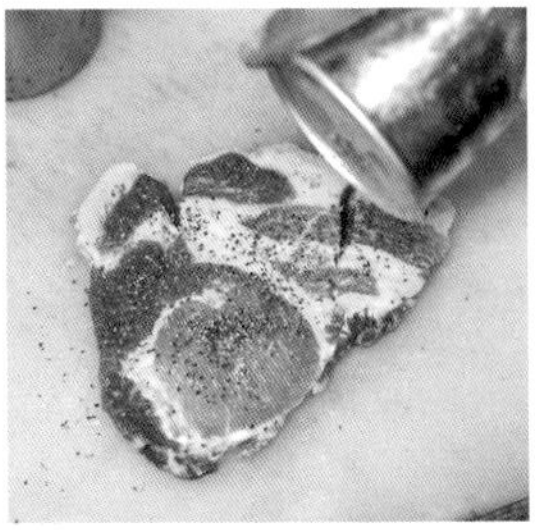

後でソースをかけるので、味がつき過ぎないように片面でOK。

3

豚肉の両面に小麦粉をつける。

カリッと焼き上げるため、しっかりはたいて薄めにつける。

4

フライパンにサラダ油を入れて中火で熱し、**3**を入れて両面に焼き色をつける。

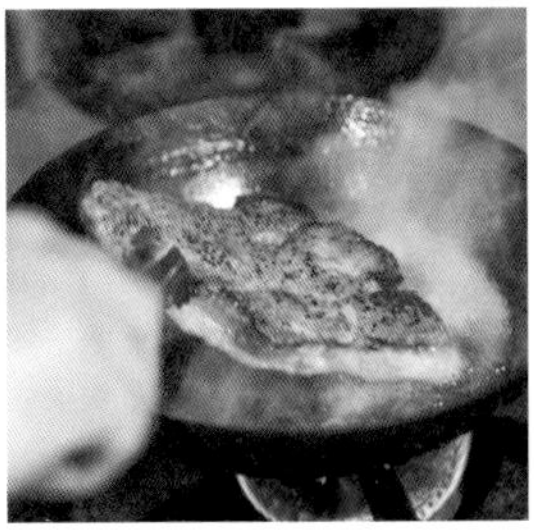

5

焼き色がついたら蓋をし、両面をさらに5分ずつ焼く。

竹串を刺して竹串の先が熱くなればOK。

6

蓋を取って余分な油を除いて強火にし、白ワインを加えフランベする。

フランベとは、風味や香りづけのためにアルコール度数の高いお酒を振りかけて火をつけ、一気にアルコール分を飛ばすこと。

7

6を付け合わせとともに皿に盛り付け、別のフライパンで温めておいたデミグラスソースをかける。

付け合わせは、レタス、キャベツ、きゅうり、トマト、スパゲティがおすすめ。

8

7にレモンの輪切りをのせ、練り辛子を添えて完成。

「御堂筋 ロッヂ」（P98）が教える

いかのバターソテー

素材の旨味を吸い込んだ
ソースも残さず召し上がれ

使う野菜はセロリ、ブロッコリーなど、家庭にあるもので代用可

〈 材料（2人分） 〉

剣先イカ … 100g
アスパラガス … 2本
しめじ … 60g
プチトマト … 5個
オリーブオイル … 大さじ2
ケイパー … 少々
白ワイン … 大さじ1
バター … 15g
水 … 40ml
塩、こしょう … 各少々
パセリ（みじん切り）… 適量
レモン … 1/8個

いかのバターソテーの作り方

1

剣先イカは1.5cm幅の輪切りにし、塩、こしょうを振る。

2

アスパラガスは根元を2〜3cmほど切り落としてからピーラーなどで下半分の皮をむいたら、ひと口大の斜め切りにする。

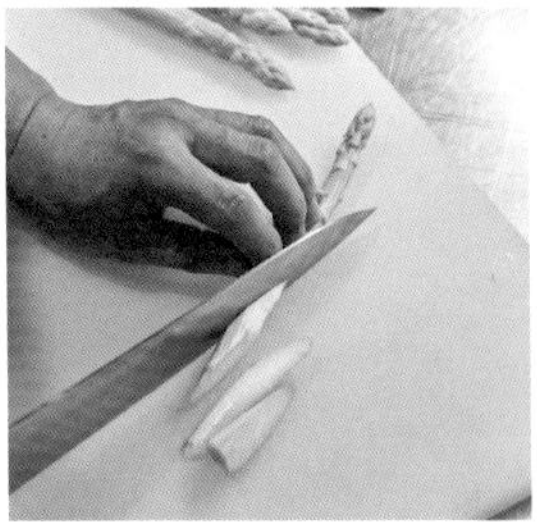

3

しめじは石づきを取り、プチトマトは半分に切る。

4

フライパンにオリーブオイル、アスパラガス、しめじを入れて中火で炒める。

5

アスパラガスがしんなりしてきたらイカを加えて炒める。

6

イカに火が通って白くなったら、ケイパー、プチトマトを加えてさらに炒める。

ケイパーを加えることで酸味が出てアクセントに。

7

トマトが少し煮崩れるくらいまで煮込んだら白ワインを加え、アルコール分を飛ばすように炒める。

フライパンに材料が多少こびりついても旨味なので気にせず炒める。

8

仕上げにバターを加え、溶けたら皿に盛る。

冷えたバターの方がゆっくり溶けてソースにとろみがつくので、使用直前までバターは冷蔵庫に入れておく。

9

フライパンに残ったソースを中火にかけ、水で調整しながらとろみをつけ、塩、こしょうで味をととのえる。

10

8に9をかけてパセリを振り、レモンを添えて完成。

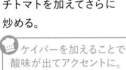

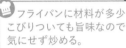

揚げる

「かつれつ四谷たけだ」(P95)が教える

ポークカツレツ

サクサク食感がたまらない
カツレツ店の看板メニュー

濃厚で香り高いデミグラスソースが豚ロース肉の旨味を引き立てる

〈 材料(1人分) 〉

豚ロース肉(厚切り)… 1枚(150g)
塩、こしょう … 各少々
コーン油 … 適量
粉チーズ … 適量
■衣
小麦粉 … 適量
溶き卵 … 1/2個分
生パン粉(粗め)… 適量

■デミグラスソース(5〜6人前)
ブイヨン用の具材(鶏皮、牛スジ、脂身、野菜の皮や茎など、余った食材を小さく切って冷凍したもの)… 適量
水 … 50〜80ml(ブイヨンの具材量により調節)

Ⓐ
ハインツデミグラスソース缶 … 290g
トマト(トマト缶でも可)… 30g
ケチャップ … 大さじ1
無塩バター … 8g
砂糖 … ひとつまみ
赤ワイン … 60ml
マディラワイン(あれば)… 少々

ポークカツレツの作り方

1

デミグラスソースを作る。ブイヨン用の具材と水を鍋に入れて中火で30〜40分ほど煮た後、脂をすくってからザルで漉す。出来上がったブイヨンとⒶを鍋に入れてひと煮立ちさせたら火を止める。

完成後一晩置くと、ソースの味に深みとコクが出る。

2

ポークカツレツを作る。豚ロース肉は余分な脂とスジを切り落としておく。フォークで表面に穴を開けてから包丁で筋を断ち切るように切り込みを入れ、塩、こしょうを振る。

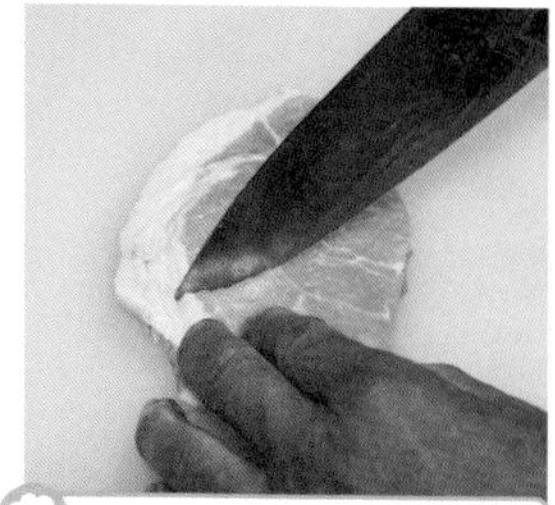

切り落としたスジは冷凍しておくとブイヨンとして使えるので捨てずに活用して。

3

豚ロース肉に小麦粉をまぶし、溶き卵を絡める。同じ工程を再度繰り返してからパン粉をつける。

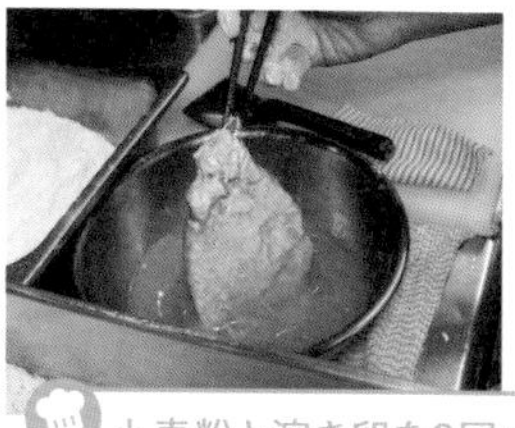

小麦粉と溶き卵を2回つけることでよりサクサクの食感に。

4

衣をつけた豚ロース肉を皿にのせ、形を整える。

5

コーン油を170℃に熱し、4を皿から滑らせるようにゆっくり油の中に入れる。片面を3分ほど揚げ、衣の表面が固まってきたら裏返し、さらに3分ほど揚げる。

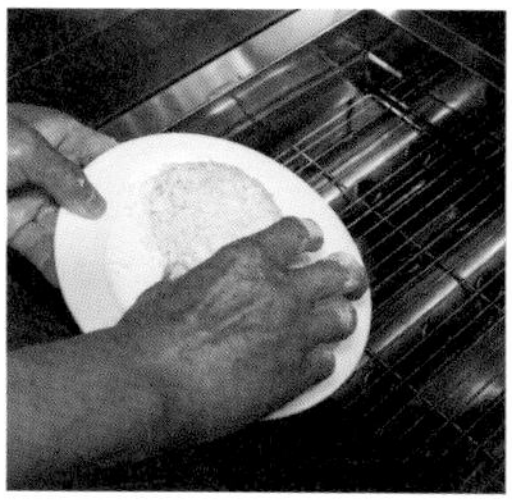

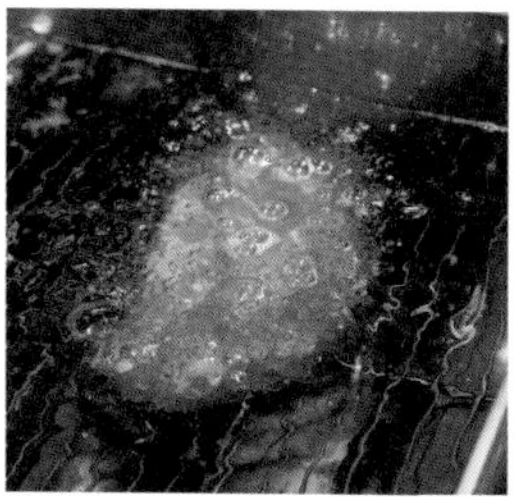

6

パン粉が立っている面を上にして油を切り、そのまま2〜3分ほどおいて余熱で中まで火を通す。

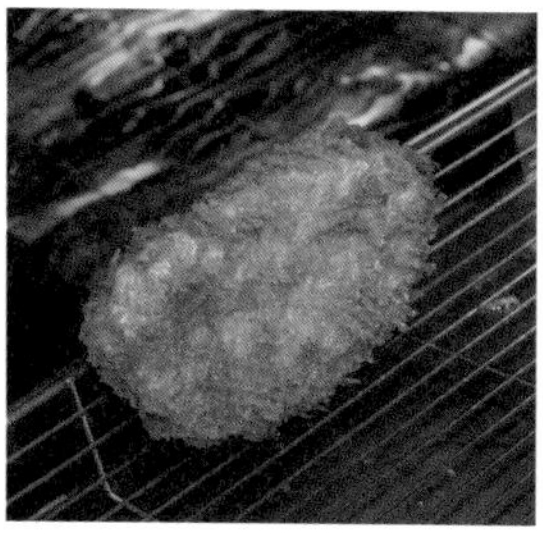

7

6を食べやすい大きさに切り、付け合わせとともに皿に盛り付ける。

8

1をかけ、仕上げに粉チーズをトッピングしたら完成。

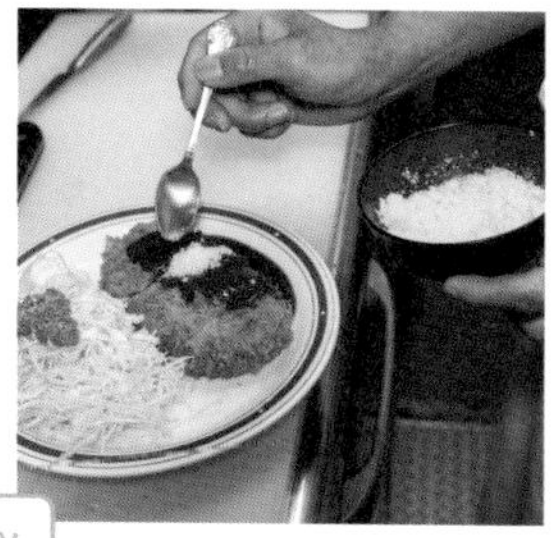

付け合わせはキャベツの千切り、ポテトサラダ、パセリがおすすめ。

「かつれつ四谷たけだ」（P95）が教える

チキンサルササカツ

肉汁あふれるチキンカツに
ピリ辛サルサソースがよく絡む！

ケチャップ入りのサルサソースはご飯との相性も抜群だ

〈 材料（1人分）〉

鶏もも肉 … 150g
塩、こしょう … 各少々
コーン油 … 適量

■衣
小麦粉 … 適量
溶き卵 … 1/2個分
生パン粉（粗め）… 適量

■サルサソース（5〜6人前）
玉ねぎ … 90g（約1/2個）
ハインツチャンキーサルサ … 290g
ケチャップ … 110g
タバスコ … 0.3g（1滴程度）

チキンサルサカツの作り方

1

サルサソースを作る。玉ねぎを粗みじん切りにし、水にさらして辛みを取り除く。

2

よく水気を切った1、ハインツチャンキーサルサ、ケチャップ、タバスコをボウルに入れて混ぜ合わせ、冷蔵庫で冷やしておく。

3

チキンカツを作る。鶏もも肉はあらかじめ包丁で縦に数か所切り込みを入れ、繊維を断ち切っておく。

4

皮目にフォークを刺し、数か所に穴を開けておく。

下処理を行うことで鶏もも肉がやわらかくなり、火を通した時に縮んでしまうのを防げる。

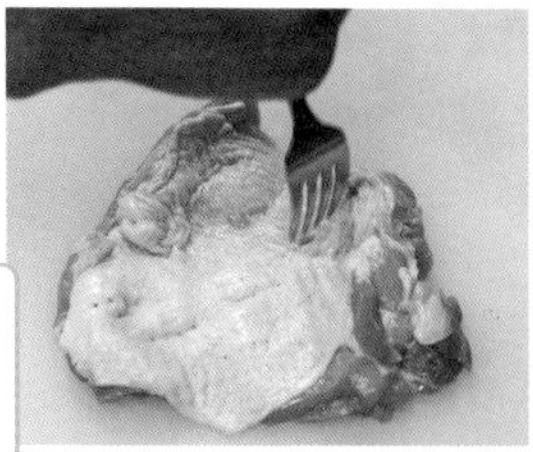

5

皮目ではない面に塩、こしょうを振る。

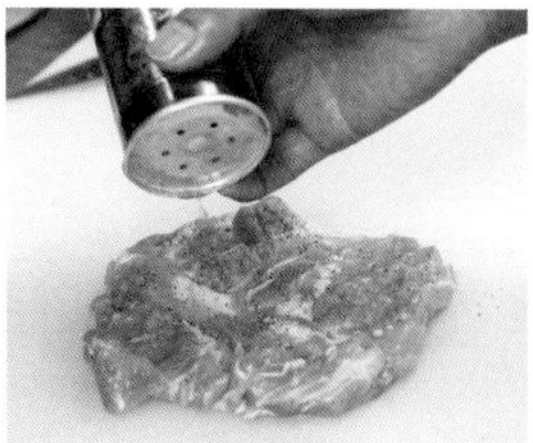

6

小麦粉をまぶし、溶き卵を絡めたら、皮目を下にしてたっぷりとパン粉をつける。

7

6を皮目を上にして皿にのせ、形を整える。

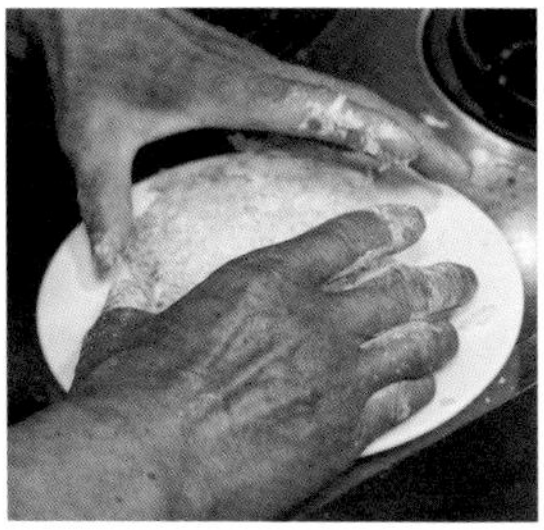

8

コーン油を170℃に熱し、皮目を上にした状態で7を皿から滑らせるようにゆっくりと油の中に入れる。片面を3分ほど揚げ、衣の表面が固まってきたら裏返し、さらに3分ほど揚げる。

9

パン粉が立っている面を上にして油を切り、そのまま2〜3分ほどおいて余熱で中まで火を通す。

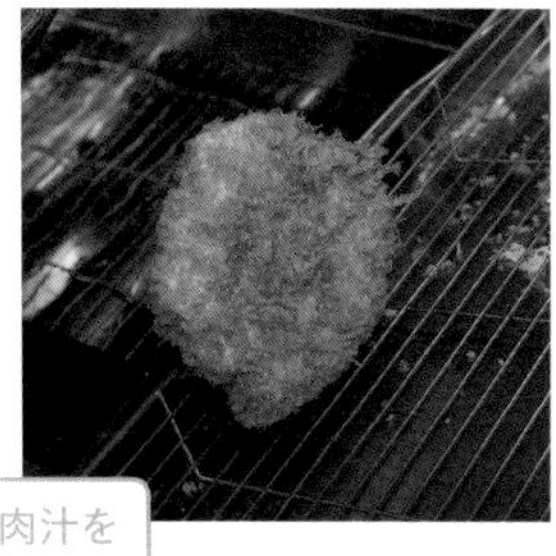

余熱で火を通すことで肉汁をとじこめ、やわらかい食感に。

10

9を食べやすい大きさに切り、付け合わせとともに皿に盛り付け、2をかけたら完成。

付け合わせはキャベツの千切り、ポテトサラダ、パセリがおすすめ。

「かつれつ四谷たけだ」(P95)が教える
サーモンフライ

ふっくらとやわらかい！
サーモンの旨味がギュッと凝縮

ピクルスなしのタルタルソースは、マイルドな味わいでサーモンと好相性

〈 材料（1人分）〉

生鮭の切り身 … 1切れ（130g）
塩、こしょう … 各少々
コーン油 … 適量
レモン … 1/8個

■衣
小麦粉 … 適量
溶き卵 … 1/2個分
生パン粉（粗め）… 適量

■タルタルソース（5〜6人前）
ゆで卵（固ゆで）… 1個
玉ねぎ … 15g
マヨネーズ … 200g
パセリ（みじん切り）… 小さじ1
レモン汁 … 13ml

サーモンフライの作り方

1

タルタルソースを作る。ゆで卵は粗みじん切りにする。玉ねぎは粗みじん切りにし、水にさらして辛みを取り除き、よく水気を切っておく。

2

ボウルに1、マヨネーズ、パセリ、レモン汁を入れる。卵を潰さないようにしっかり混ぜ、冷蔵庫で冷やしておく。

3

サーモンフライを作る。生鮭の皮目ではない面に塩、こしょうを振る。

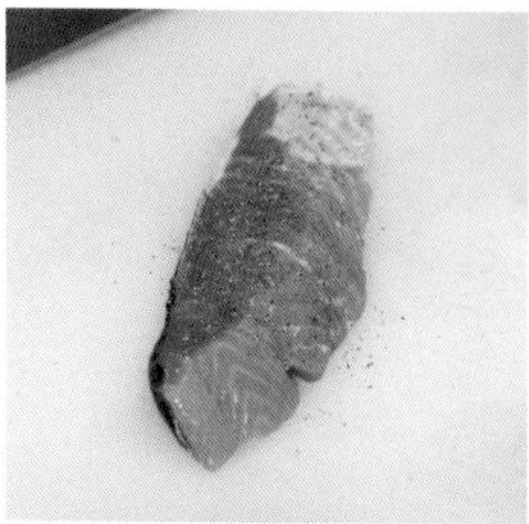

4

小麦粉をまぶし、溶き卵を絡めてからパン粉をつける。

鮭の身を崩さない程度にたっぷりのパン粉をつけるとサクサク食感に。

5

衣をつけた生鮭を皿にのせて形をととのえる。

6

コーン油を170℃に熱し、皮目を下にした状態で5を皿から滑らせるようにゆっくりと油の中に入れて片面を3分ほど、裏返して3分ほど揚げる。

7

パン粉が立っている面を上にして油を切り、そのまま5分ほどおいて余熱で中まで火を通す。

8

7を食べやすい大きさに切り、付け合わせ、レモンとともに皿に盛り付ける。仕上げに2をかけて完成。

付け合わせはキャベツの千切り、ポテトサラダ、パセリがおすすめ。

「復刻西洋食堂 紅梅ダイナー」（P97）が教える

エビフライ

衣サクサク、エビふんわり！
理想のまっすぐエビフライ

揚げ油は、カラッと揚がって油切れも良いサラダ油を使うのがおすすめ

〈 材料（1人分） 〉

冷凍エビ
（無頭・12cmくらいのもの）… 3尾
片栗粉 … 適量
Ⓐ塩…少々
Ⓐ粗びき黒こしょう …少々

小麦粉（ふるう）… 適量
生パン粉 … 適量
サラダ油 … 適量

■ バッター液
水、卵、小麦粉 … 各適量
（1:1:1になる分量）

■ タルタルソース
適量（レシピは→P86参照）

エビフライの作り方

1

エビは解凍してキッチンペーパーなどで水気を取り、尾を残して剣先まで殻を取り除く。

剣先を取り除くことで余計な水分が入らず衣がきれいにつく。

2
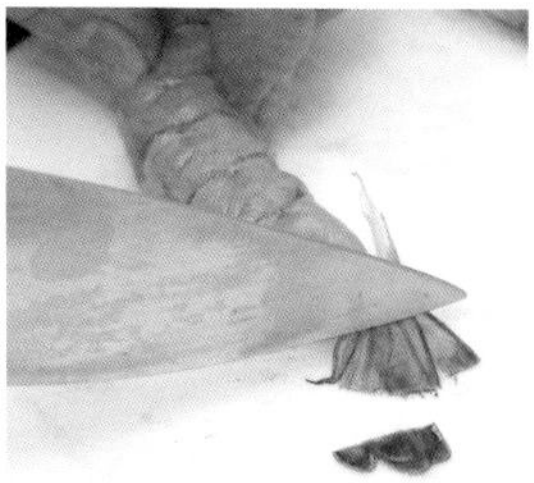

尾の先を斜めに切り落とし、包丁でしごきながら汚れと水分を取り除く。

3
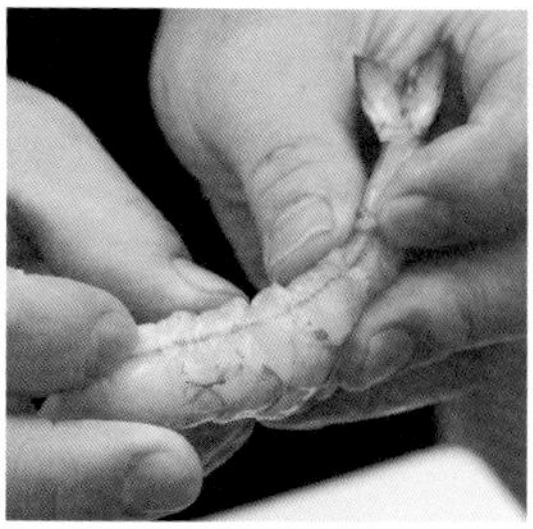

背ワタを取り除き、縮みにくくするために腹側に4カ所ほど軽く切り込みを入れて伸ばす。

伸ばし過ぎて切れないように注意する。

4

片栗粉をまぶして汚れを絡め取り、洗い流す。水気をしっかり拭き取り、Ⓐで下味をつける。

5
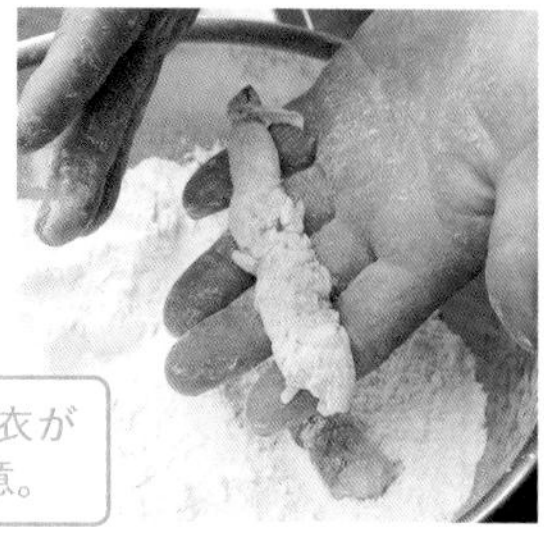

小麦粉をまんべんなくまぶし、余分な粉をしっかり落とす。

小麦粉をつけ過ぎると衣がはがれやすくなるので注意。

6

バッター液（P18参照）に5を尾の付け根から5mmほどあけてくぐらせる。

エビを持ち上げた時にバッター液がポタポタと落ちるくらいが目安。

7
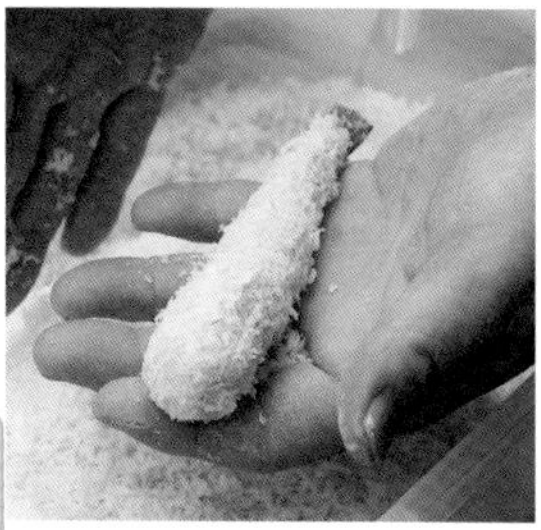

生パン粉の中に6を置き、上からパン粉で包み込むようにしてまんべんなく衣をつける。

バッター液がダレないうちに素早くつけること。

8

160℃に熱したサラダ油に7を入れる。

衣がはがれるので揚げている間はエビに触れないこと。

9

浮かび上がってくるまで4分ほど揚げ、取り出して尾を下にして油を切る。

10

付け合わせとともに皿に盛り、タルタルソースをかけたら完成。

付け合わせはキャベツの千切り、マカロニ（ケチャップで和えたもの）がおすすめ。

「黒船亭」（P95）が教える

カニコロッケ

たっぷり入ったカニが贅沢
サクサク食感のクリームコロッケ

最初のひと口はソースをつけずに、カニの旨味を堪能しよう

〈 材料（8個分）〉

玉ねぎ（薄切り）… 1/2個
マッシュルーム（薄切り）… 7個
サラダ油 … 小さじ2
無塩バター … 60g
小麦粉 … 90g
牛乳 … 300ml
カニの缶詰 … 100g
アンチョビペースト … 小さじ1
和風だし（顆粒）… 4g
白こしょう … 少々
トマトソース（市販）… 適量

■ 衣
小麦粉 … 適量
溶き卵 … 適量
パン粉 … 適量

カニコロッケの作り方

1

鍋にサラダ油を入れ、玉ねぎとマッシュルームを中火でしんなりするまで炒める。火が通ったらバットに移して粗熱を取る。

2

深鍋に無塩バターを入れて中火で溶かす。小麦粉を加えて弱火にし、全体をしっかり混ぜ合わせる。

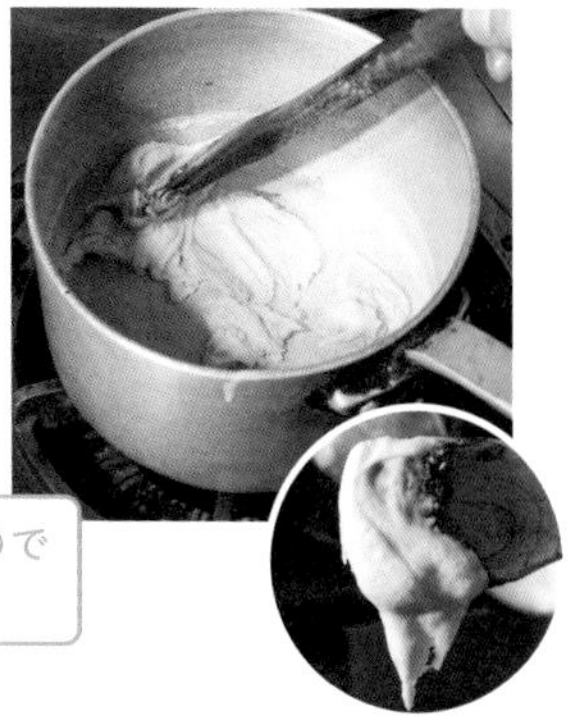

小麦粉は焦げやすいので手早く混ぜるのがポイント。

3

1を加えて軽く混ぜたら、冷たい牛乳を加えて弱火でゆっくりと混ぜ合わせる。

4

全体が固まり始めたらカニの缶詰、アンチョビペースト、和風だし、白こしょうを加えて、ヘラから落ちないくらいの固さになるまで弱火で5分ほど混ぜる。

カニの缶詰は汁ごと入れるとやわらかい食感に仕上がる。

5

4をバット（皿でも可）に移し、薄くのばしてラップをかける。粗熱が取れたら冷蔵庫に入れて1時間ほど冷ます。

6

5をボウルに移し、一度全体をよく練り込む。8等分にし、俵形に成形する。

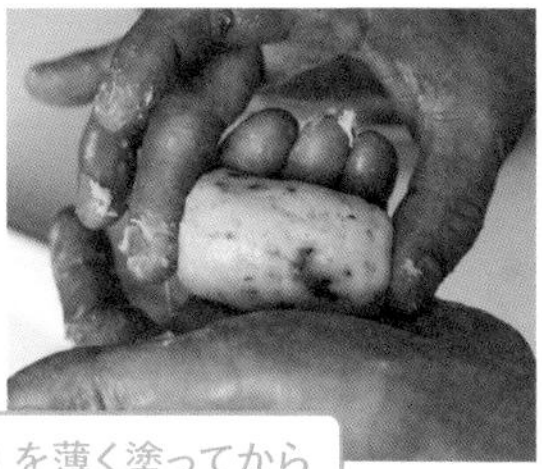

手にサラダ油（分量外）を薄く塗ってから成形すると、具材が付着しにくくなる。

7

6を冷蔵庫で20分ほど、または冷凍庫に短時間入れて冷やしたら、小麦粉、溶き卵、パン粉の順で衣をつける。

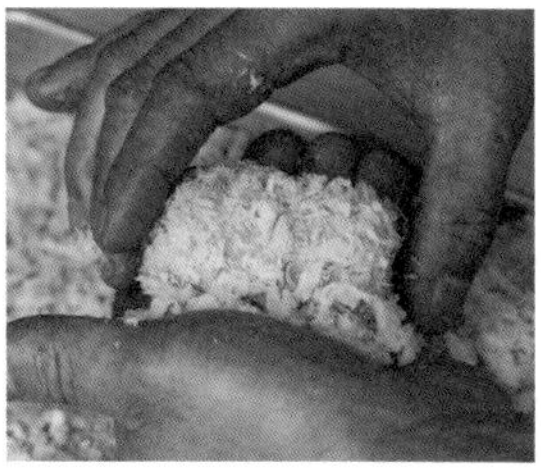

タネをしっかり冷やすことで中心まで火が通りやすくなる。粗目のパン粉を使うとサクサク食感に。

8

160°Cに熱した油に7を入れ、弱火できつね色になるまで揚げたら一度取り出す。油を170～180°Cに熱して二度揚げする。衣全体がしっかりときつね色になったら取り出し、油を切る。

二度揚げが難しい場合は、電子レンジの解凍モードで1分ほど加熱してもOK。

9

トマトソースを薄く伸ばした皿の上に、付け合わせと8を盛り付けたら完成。

付け合わせは、パセリ、ゆでたにんじん、いんげんがおすすめ。

「西洋料理 ネスパ 大阪駅前第3ビル店」(P99)が教える

コロペット

クリームコロッケよりクリーミー！
ネスパ自慢のオリジナルメニュー

白ソースは牛乳で伸ばすとグラタンやムニエルのソースとしても重宝

〈 **材料**（エビ・牛肉各5個分） 〉

エビ … 5尾
牛肉（薄切り）… 30g×10枚
溶き卵、小麦粉、
パン粉、ラード … 各適量
レモン（くし形切り）… 適量
練り辛子 … 適量

■ 牛スジブイヨン（180mlを使用）
牛スジ肉 … 100g
水 … 300ml
ローリエ … 2枚

■白ソース
ラード … 200g
玉ねぎ（みじん切り）… 1/2 個
小麦粉 … 250g
Ⓐ エバミルク … 1缶（411g）
Ⓐ 旨味調味料（グルタミン酸系）… 15g
Ⓐ 塩 … 6g
Ⓐ こしょう … 少々

コロペットの作り方

1

牛スジブイヨンを作る。鍋に牛スジ肉、水、ローリエを入れて中火にかけ、アクを取りながら20分ほど煮たら、ザルなどで濾しておく。

2

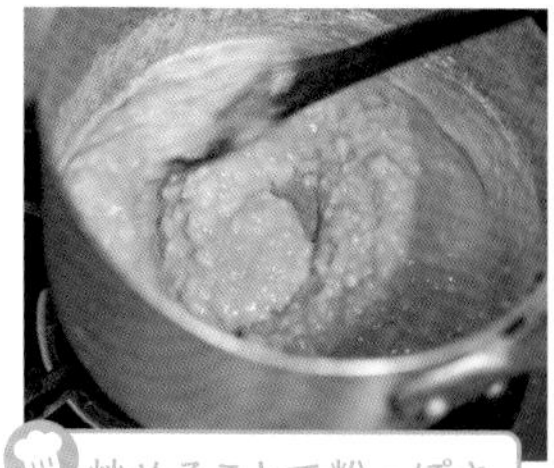

白ソースを作る。鍋にラードを入れて中火にかけ、玉ねぎを加える。火が通ったら小麦粉を加え、焦がさないように20分ほど炒める。

炒めることで粉っぽさが取れる。焦げると白色のソースにならないので注意する。

3

Ⓐを混ぜ合わせたら3回分けて2に加え、その都度よく混ぜる。

一度に加えると分離するので、少しずつ加える。

4

1を180ml取り分け、3回に分けて3に加えたら、その都度よく混ぜる。

5

持ち上げてボタッと落ちるくらいの固さになったらバットに入れ、粗熱が取れたら冷蔵庫で2時間以上冷やし固める。

6

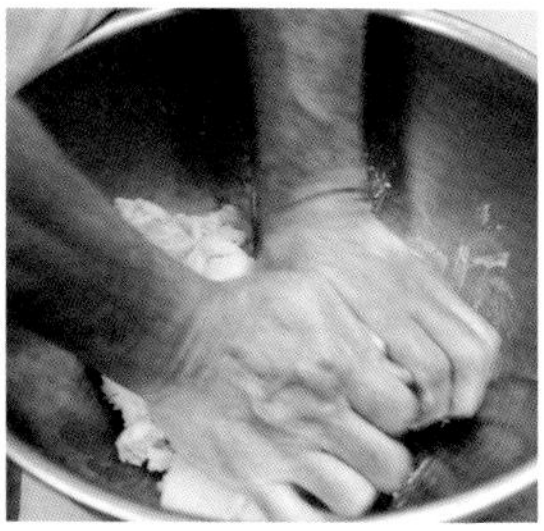

5をボウルに移してよくこね、10等分にして団子状に丸める。

7

エビは頭、殻、背ワタを取り除いて背開きにし、6をのせてエビの形に成形する。牛肉は2枚重ねにし、6を包み込むようにして半分に折りたたむ。

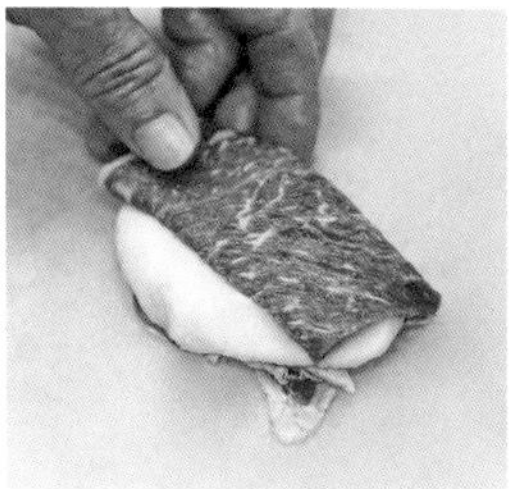

8

溶き卵、小麦粉、パン粉の順に衣をつけ、180°Cに熱したラードに入れる。2分ほど経ったら裏返し、合計4分ほど揚げる。

9

好みの付け合わせとともに皿に盛り、エビにレモン、皿に練り辛子を添えたら完成。

「西洋料理 ネスパ 大阪駅前第3ビル店」(P99)が教える

ミンチカツ

創業当時の味を忠実に守った
デミグラスソースが決め手

タネの状態で冷凍して
おけばハンバーグなど
にも活用できる

〈 材料(9個分) 〉

食パン(6枚切り) … 2枚
玉ねぎ … 1/2個

A
- 卵 … 3個
- ケチャップ … 大さじ1
- しょう油 … 少々
- ナツメグ … 少々
- 旨味調味料
- (グルタミン酸系) … 大さじ2
- 塩 … 小さじ3

牛ひき肉 … 500g
溶き卵、小麦粉、パン粉、ラード … 各適量
練り辛子 … 適量

■牛スジブイヨン(540mlを使用)
牛スジ … 100g
水 … 600 ml

■デミグラスソース
ラード … 150g
小麦粉 … 150g

B
- ケチャップ … 大さじ5
- ウスターソース … 大さじ3
- 塩 … 小さじ2

ミンチカツの作り方

1

牛スジブイヨンを作る。鍋に牛スジと水を入れて中火にかけ、アクを取りながら20分ほど煮たら、ザルなどで濾しておく。

2

デミグラスソースを作る。フライパンにラード、小麦粉を入れ、茶色くなるまで弱火で10分ほど炒める。

小麦粉が焦げないように常にかき混ぜながら炒めること。

3

1を540ml取り分け、少しずつ2に加えて伸ばしたら、Ⓑを加えて味付けする。

4

タネを作る。食パンは少量の水（分量外）で濡らし、押してなじませたらみじん切りにする。玉ねぎはすりおろす。

食パンは濡らしてから切るとバラバラになりにくい。

5

ボウルに4、Ⓐを入れてざっくり混ぜたら、牛ひき肉を加えて粘りが出るまでさらに混ぜる。

少量を小皿に取り、600Wの電子レンジで30秒ほど加熱して味見をしてみるのがおすすめ。

6

5を9等分して小判型に成形し、溶き卵、小麦粉、パン粉の順に衣をつける。

7

フライパンにラードを入れて180℃に熱し、6を入れる。2分ほど経ったら裏返し、きつね色になるまでさらに2分ほど揚げる。

8

皿にデミグラスソースを敷いて7をのせ、練り辛子を添えたら完成。

デミグラスソースはかけるのではなく敷くのがネスパ流。付け合わせはパスタ、マッシュポテト、ブロッコリーがおすすめ。

煮る

ビーフシチュー

「芳味亭 人形町本店」（P96）が教える

とろとろのお肉にこってり絡む
コク旨デミグラスソースが堪らない

野菜の旨味が詰まった
ソースがやわらかな牛
肉によく合う

〈 材料（2人分）〉

A
- 牛バラ肉（ブロック）… 300g
- 鶏ガラスープ … 400ml
  ※鶏ガラスープ（顆粒）を表示どおりに湯で溶く
- 赤ワイン … 200ml
- ローリエ … 1枚

■ ソース
- 玉ねぎ … 1/2個
- にんじん … 1/3本
- セロリ … 1/4本
- バター … 20g
- にんにく（潰す）… 1かけ
- ケチャップ … 大さじ1
- 鶏ガラスープ … 100ml
  ※鶏ガラスープ（顆粒）を表示どおりに湯で溶く
- デミグラスソース（缶詰）… 290g
- 赤ワイン … 150ml
- 塩 … 少々
- こしょう … 少々

※今回は家庭向けのアレンジレシピを掲載。より本格的なデミグラスソースのレシピはP90で紹介しています。

ビーフシチューの作り方

1

ソースを作る。玉ねぎ、にんじん、セロリはひと口大に切っておく。

あまり細かくせず、ごろっと切ることで素材の味が生きる

2

弱火で熱したフライパンにバターを溶かし、にんにくを中火で炒めて香りを出す。

3

1を加えて中火で軽く炒めたら、ケチャップを加えてさらに炒める。

フライパンをゆすりながら炒めると焦げにくい。

4

ケチャップが具材となじんだら鶏ガラスープを加え、具材がしんなりするまで5〜10分ほど煮る。

にんじんに竹串がスッと刺さればOK

5

フライパンを火から下ろし、粗熱が取れたらミキサーにかけてペースト状にする。

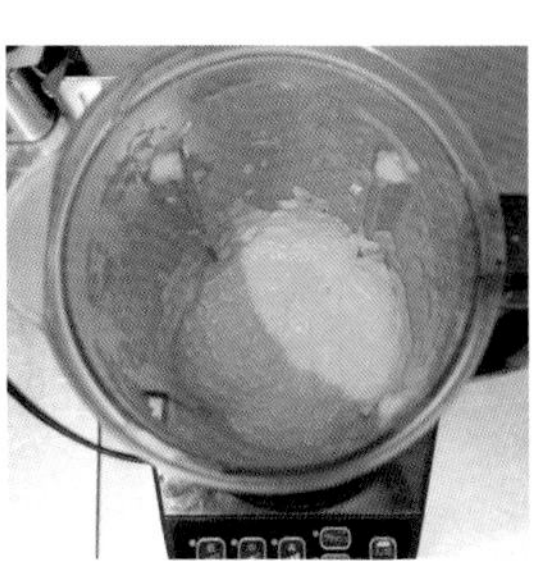

6

フライパンに赤ワインを入れ、強火にかけてアルコール分を飛ばす。

7

デミグラスソースと5を加えたら弱火にする。焦げないように混ぜながら10分ほど煮詰め、塩、こしょうで味をととのえる。

ソースは煮込むほどに色が濃くなり、コクが出る。

8

牛バラ肉を4cm角に切る。

油が少なめのバラ肉がおすすめ（店では牛すね肉を使用）。

9

鍋にAを入れ、強火にかける。沸騰したら8を入れ、アクを取りながら中火以下で1時間ほど煮る。

10

付け合わせとともに皿に9を盛り付け、ソースをかけて完成。

付け合わせはゆで野菜（いんげん、にんじん、ヤングコーンなど）がおすすめ。

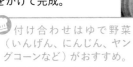

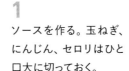

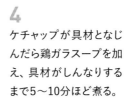

ロールキャベツ

「銀座 日東コーナー」(P93)が教える

特別な日に作りたい じっくり煮込んだロールキャベツ

カットトマト缶を使用することで、家庭向けに手軽にアレンジ

〈 材料(6個分) 〉

- キャベツ(大きめ) … 1個
- ドライパン粉 … 20g
- 牛乳 … 10g
- 水 … 5ℓ
- 塩 … 10g
- サラダ油 … 大さじ2〜3

A
- 玉ねぎ … 1/4個
- にんじん … 1/3本
- セロリ … 1/2本
- にんにく … 1かけ

B
- 牛豚合いびき肉(鶏ももひき肉でも可) … 300g
- ケチャップ … 10g
- 中濃ソース … 10g
- 塩、砂糖 … 各ひとつまみ
- 卵 … 1個

C
- 水 … 2ℓ
- ローリエ … 1枚
- トマト缶(カット) … 1缶
- チキンコンソメ(顆粒) … 小さじ1

ロールキャベツの作り方

1

キャベツは芯をペティナイフでくり抜く。Ⓐはフードプロセッサーでみじん切りにしておく。ドライパン粉、牛乳は混ぜ合わせておく

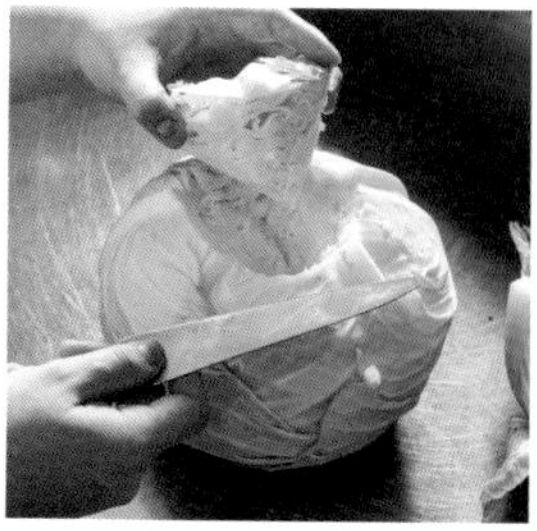

2

深い鍋に水と塩を入れて中火にかける。沸騰したらキャベツを入れ、芯側を下にして2分ほど、ひっくり返して30秒ほどゆでる。

3

火が通ったキャベツの葉を1枚ずつはがし、ザルに移して常温まで冷ましておく。

4

布巾などを被せたまな板にキャベツの葉をのせ、肉叩きかすりこぎ棒で芯だけを軽く叩き、凹凸をなくす。

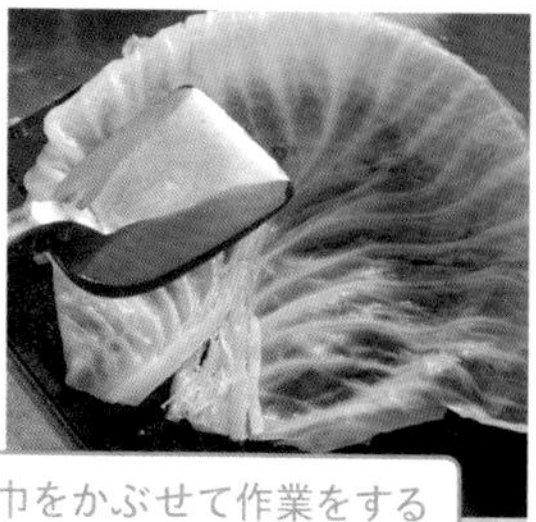

布巾をかぶせて作業をすると、まな板が傷つかず安心。

5

ボウルに1の牛乳と混ぜたドライパン粉、Ⓑを入れてよく混ぜ合わせたら、6等分にして丸める。

6

キャベツ2枚を縦にずらして敷く。中心に5をのせたら平らに伸ばし、さらに1枚キャベツを重ねてミルフィーユ状にする。

7

6の左右を折りたたみ、下から丸めて俵形に成形する。

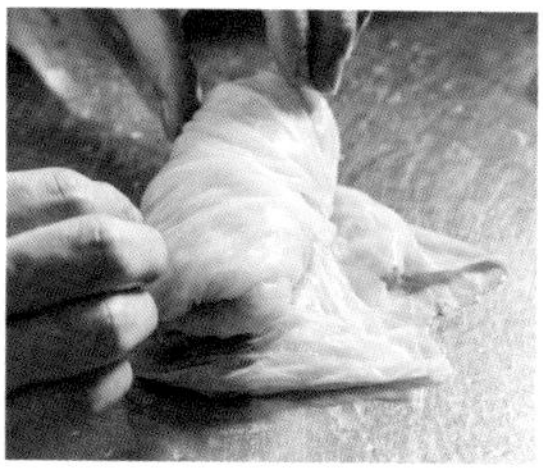

8

サラダ油を熱した鍋に1のⒶを入れ、水分がなくなるまで中火で炒める。

9

鍋底に7を敷き詰め、Ⓒを加えたら中火にかける。沸騰したらごく弱火にし、落とし蓋をして2時間ほどコトコト煮込む。

途中で何度かソースをまわしかけることで、温度のバランスが取れて乾燥を防げる。

10

ロールキャベツの中心に竹串を刺し、透明の汁が出てお好みのやわらかさになったら煮込み終わりの合図。皿に盛ってソースをかけ、付け合わせを添えたら完成。

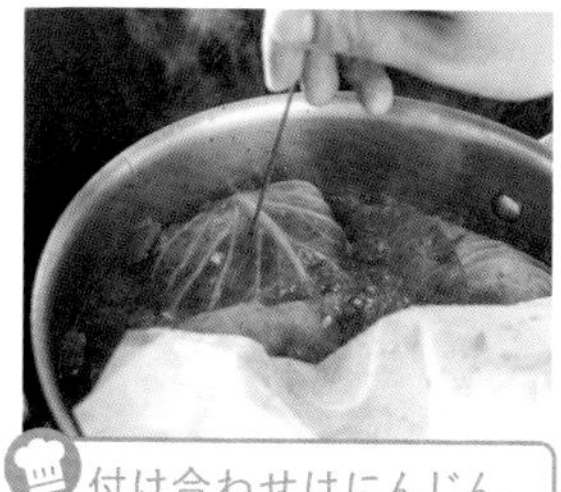

付け合わせはにんじん、いんげんがおすすめ。お好みでケチャップを添えて味を調整して。

ごろっと角煮がインパクト大！
トマトの酸味が食欲をそそる一皿

シェフが修業時代に初めて
先輩に認められた思い出
のまかないをアレンジ

「はやしや」（P93）が教える

牛肉の田舎風トマトシチュー

〈 **材料**（4～5人分）〉

■牛肉の角煮
牛バラ肉（ブロック）… 400g
にんにく … 3片
玉ねぎ … 1個
塩、こしょう … 各少々
サラダ油 … 大さじ2／大さじ2
Ⓐ
ケチャップ … 50g
赤ワイン … 50ml
ローリエ … 1枚
水 … 2ℓ

■トマトシチューベース
にんじん（小）… 1本
じゃがいも … 2個
牛バラ肉（薄切り）… 200g
キャベツ … 1/4個
玉ねぎ … 1個
ローリエ … 1枚
水 … 3ℓ
Ⓑ
ケチャップ … 200g
トマトピューレ（市販）… 200g
ガーリックパウダー … 10g
チキンコンソメ（固形）… 2個
こしょう … 少々

■仕上げ
チョリソー（辛口ウインナー）
… 8～10本
さやいんげん（ゆでる）
… 8～10本

1

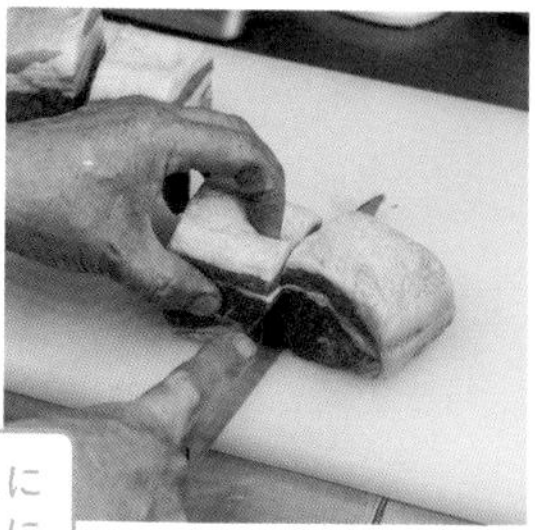

牛肉の角煮を作る。牛バラ肉は4〜5cm角に切る。にんにくは潰す。玉ねぎは8等分に切る。

「牛肉の角煮」は調理に時間がかかるので、前日に仕込んでおくのがおすすめ。

2

箱にリボンを結ぶように、1の牛肉にタコ糸を十字にかけて縛る。

タコ糸をかけることで煮崩れ防止になる。

3

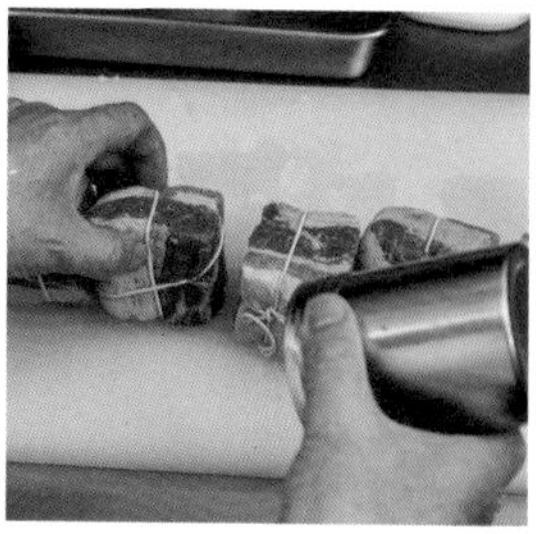

2の6面すべてにまんべんなく塩、こしょうを振り、手で全体を軽くこすってなじませる。

4

フライパンにサラダ油大さじ2を入れて強火で熱する。煙が出たら3を入れ、表面に焼き色をつける。

5

鍋にサラダ油大さじ2を入れて中火で熱し、にんにくを入れて炒める。薄く色づき始めたら玉ねぎを加え、全体がややしんなりするまで炒める。

6

Ⓐ、4を加えて強火にかける。沸騰したらふつふつする火加減まで弱め、アクを取り除きながら3時間ほど煮込む。

7

煮詰まってきたら少しずつ湯を足し、牛肉が煮汁に浸っている状態を保つ。

圧力鍋を使用する場合は50分加圧、火を止めて15分おいたら完成。水加減は牛肉がひたひたになるくらい。

8

牛肉に菜箸がスッと刺さるくらいの状態になったら火を止め、完全に冷えたら取り出してタコ糸を外しておく。

9

トマトシチューベースを作る。にんじん、じゃがいもは皮をむく。牛バラ肉は食べやすい大きさに切る。

P52へつづく

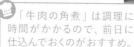

10

キャベツは2×4cmの長方形に切り、5分ほど流水にさらしたら水気を切る。

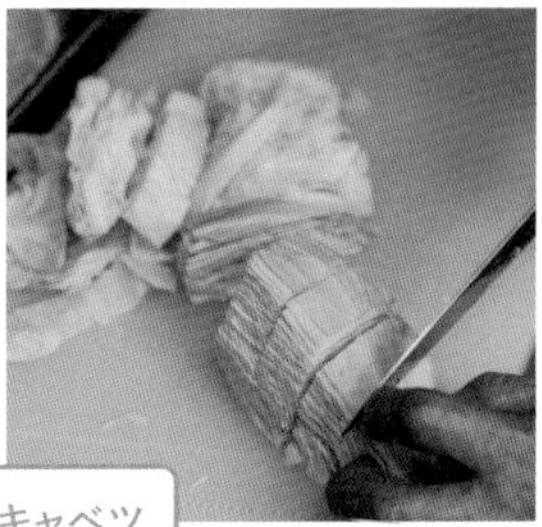

水にさらすことでキャベツ特有の匂いが取れる。

11

玉ねぎは縦半分に切ってから、1.5cm幅で横向きに切る。

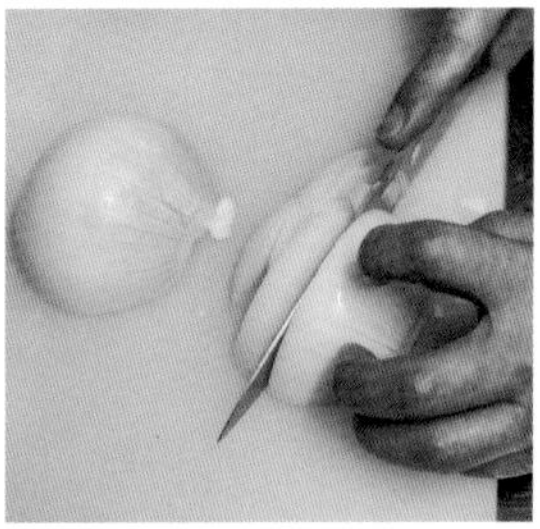

12

鍋に水、10、11、ローリエ、皮をむいたにんじん、じゃがいもを入れて中火で沸騰させ、45分ほど煮込む。ただし、にんじん、じゃがいもは、15〜20分ほど経ったら先に取り出す。

にんじんは太い部分に切り込みを入れておくと均等に火が通る。

13

水位が半分くらいになったら、牛バラ肉をほぐしながら加える。沸騰したら弱火にしてアクを取り除きながら2〜3分ほど煮る。

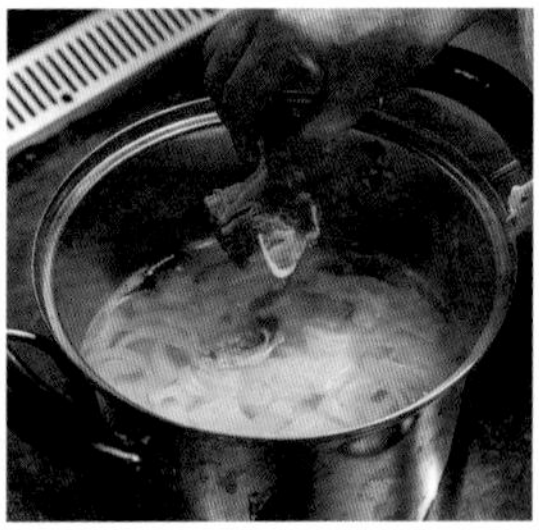

14

Ⓑを加えて中火で煮込み、沸騰したら弱火にする。アクを取り除きながらさらに5分ほど煮たらトマトシチューベースの完成。

仕上り分量の目安は2ℓ強。

15

牛肉の角煮、食べやすい大きさに切った12のにんじん、じゃがいも、角煮の煮汁300mlを耐熱容器に入れ、ラップをかけて600Wの電子レンジで2分ほど加熱する。

16

鍋にトマトシチューベース、15、チョリソーを入れて強火にかける。沸騰したら弱火にしてさらに5分ほど煮込み、いんげんをのせたら完成。

ご飯

ハヤシライス、ドリア、ピラフ……一皿で満足できるご飯メニューはぜひともマスターしておきたいところ。何度も作りたくなる、とっておきのレシピをご紹介。

ご飯

「黒船亭」（P95）が教える ハヤシライス

デミグラスソースのコクとトマトの酸味がやみつきに

じっくり煮込むことでまろやかな味に！ 赤ワインとも相性抜群

〈 材料（4人分）〉

牛バラ肉（薄切り）… 400g
玉ねぎ … 1個
にんにく … 2片
マッシュルーム … 8個
サラダ油
… 大さじ1／大さじ2

赤ワイン … 100ml
A
ケチャップ … 50g
トマトピューレ … 50g
ウスターソース … 50g
デミグラスソース缶 … 290g

水 … 300ml
チキンコンソメ（顆粒）… 4g
塩、黒こしょう … 各少々
コーヒーフレッシュ … 適量
グリーンピース … お好みで
ご飯 … 200g

ハヤシライスの作り方

1
牛バラ肉はひと口大、玉ねぎは12等分のくし形切り、にんにくはみじん切り、マッシュルームは厚めにスライスしておく。水にチキコンソメを入れて溶かしておく。

2

フライパンにサラダ油大さじ1を強火で熱し、牛バラ肉を焼く。

3

表面に焼き色がついたら赤ワインを加える。

牛バラ肉から出る脂には旨味がたっぷり。拭き取らないでそのまま煮込みに使用して。

4

3を鍋に移し、1のにんにく、コンソメスープ、Ⓐを加えて中火で15分ほど煮込む。

5

フライパンにサラダ油大さじ2を入れ、玉ねぎを強火で炒める。玉ねぎに火が通ったら弱火にし、全体がしんなりするまで炒める。

6

5にマッシュルームを加えて弱火でさっと炒めたら、4に加える。

マッシュルームは火が通りやすいので、さっと炒める程度でOK。

7

塩、黒こしょうで味をととのえたら、全体にとろみがつくまで弱火で10分ほど煮込む。

煮込んだ後に冷蔵庫で一晩寝かすと、店のような濃厚な味わいに。

8
7を皿に盛り付け、コーヒーフレッシュ、グリーンピースをトッピングしたら完成。ご飯と一緒にどうぞ。

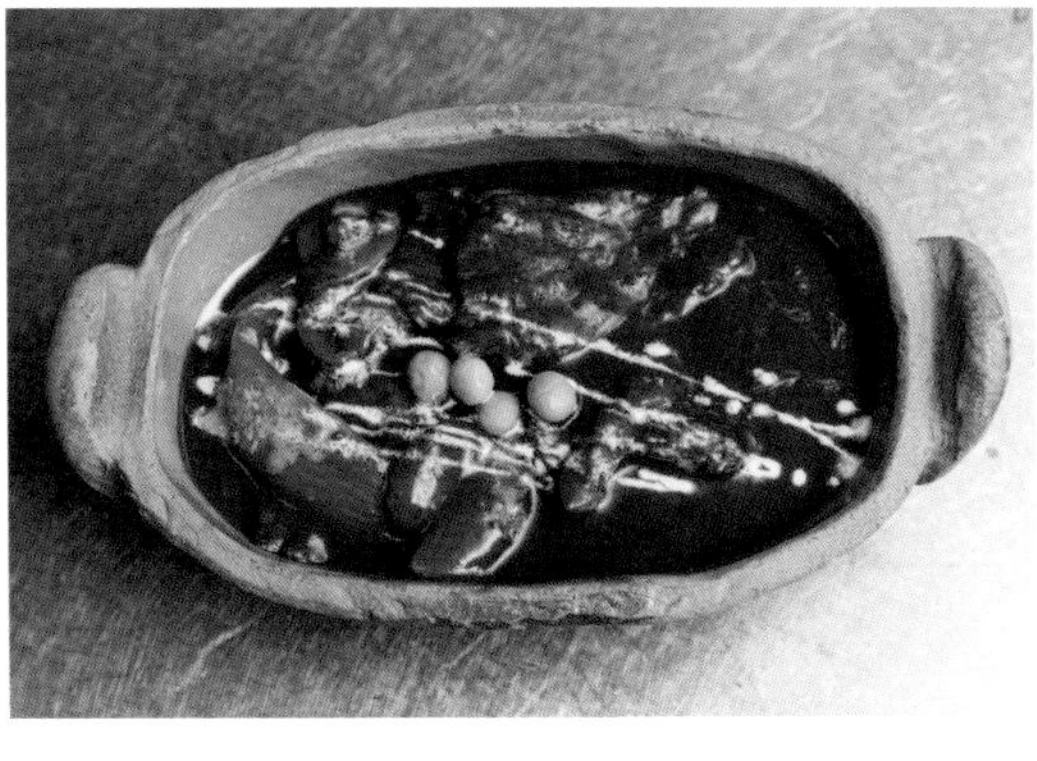

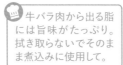

「グリル満天星 麻布十番本店」（P96）が教える

海の幸のドリア

**とろとろのホワイトソースと
2種のチーズが味の決め手！**

手間のかかるバターライス、ベシャメルソースは市販品の活用などで家庭用にアレンジ

〈 材料（4人分） 〉

■ バターライス

温かいご飯 … 茶碗約3杯分
バター … 30g
ミックスベジタブル … 100g
塩、こしょう … 各適量

■ ソース

玉ねぎ … 1/2個
ピーマン … 1個
バター … 少々
シーフードミックス（冷凍）… 200g
塩、こしょう … 各適量
白ワイン … 30ml
ホワイトソース（市販）… 1缶（290g）
牛乳 … 適量
粉チーズ … 適量
卵黄 … 1個分（お好みで）
ピザ用チーズ … 適量
パセリ（乾燥）… 適量

海の幸のドリアの作り方

1
バターライスを作る。ボウルにご飯、バターを入れて混ぜ合わせる。

2
電子レンジで1分ほど加熱したミックスベジタブルを加えてさらに混ぜ、塩、こしょうで味をととのえる。

3
ソースを作る。玉ねぎは粗めのみじん切り、ピーマンは1cmの角切りにする。

ソースは多めに作り置きしておくと、グラタンにも使えて便利。

4
鍋を中火にかけてバターを溶かし、玉ねぎを加えて炒める。軽く火が通ったらピーマンを加え、玉ねぎが透明になるまで中火でさらに炒める。

5
解凍したシーフードミックスを加え、塩、こしょうを振って中火で炒める。

6
軽く火が通ったら白ワインを加えて蓋をし、中火で1分ほど蒸し煮にする。

7
蓋を取ってホワイトソース、牛乳を加える。好みの固さになるまで混ぜ、塩、こしょうで味をととのえる。

ソースは少しやわらかめに仕上げるのがおすすめ。

8
最後に粉チーズ少々、卵黄を加えて混ぜ合わせ、火を止める。

粉チーズを加えるとコクが出る。さらに卵黄を加えると色合いが良くなり、まろやかに。卵黄は固まりやすいのでかき混ぜながら加えること。

9
耐熱皿に**2**と**8**を盛り、ピザ用チーズ、粉チーズ適量をかける。オーブントースターでチーズにこんがりと焼き目がつくまで加熱する。

10
仕上げにパセリを振って完成。

「御堂筋 ロッヂ」（P98）が教える

小海老のピラフ

**溶き卵プラスのアレンジで
店の味を手軽に再現**

卵でご飯をコーティングすることで、家庭でもしっとりパラパラに

〈 材料（1人分） 〉

むき小エビ … 90g
玉ねぎ … 1/4個
ピーマン … 1個
卵 … 1個
サラダ油 … 大さじ2
ご飯 … 150g

A 塩、こしょう … 各少々
A 旨味調味料 … 少々
バター … 15g
パセリ（みじん切り）… 適量
粉チーズ … 適量

小海老のピラフの作り方

1

玉ねぎ、ピーマンは5mm角に切る。卵はよく溶いておく。

2

フライパンを軽く煙が立ち上るくらいまで熱し、サラダ油、むき小エビを入れて白っぽくなるまで中火で炒める。

小エビは火が通りにくいので先に炒めておく。フライパンの温度が低いとくっつきやすいので注意。

3

1の野菜を加えて中火でしんなりとするまで炒める。

4

火が通ったら1の卵を加えて、半熟になるまで軽く混ぜる。

5

ご飯、Ⓐを加えて1分ほど炒める。

ご飯は温かい方が混ぜやすい。

6

バターをのせ、溶けたバターが全体になじむように軽く混ぜ合わせる。

溶けやすいように、早めに冷蔵庫から出して室温に戻したバターを使うのがおすすめ。

7

皿に盛り、パセリ、粉チーズをかけて完成。

「洋食屋　ふじ家」（P99）が教える

牛肉ピラフ Fujiya風

デミグラスソースで
コク増し具沢山ピラフ

ゆで卵はお好みのゆで加減でどうぞ。半熟にしてとろとろの黄身を絡ませるのも◎

〈 材料（1人分）〉

玉ねぎ … 50g
ピーマン … 1/2個
にんじん … 20g
マッシュルーム … 1個
牛ロース肉（薄切り）… 40g
ご飯 … 250g
サラダ油 … 少々
無塩バター … 少々
塩、こしょう … 各少々
卵 … 1個

■ピラフ用ソース

A
デミグラスソース（市販）… 100g
水 … 30ml
赤ワイン … 20ml

牛肉ピラフ Fujiya風の作り方

1
ゆで卵を作る。冷蔵庫から出した卵を水からゆで、沸騰したら中火にしてさらに6分30秒ゆでる。

2
玉ねぎとピーマンは5mm程度の角切りにする。にんじんはゆでてから5mm程度の角切りにする。マッシュルームは薄切りにする。

3
牛肉は野菜に合わせて食べやすい大きさに切る。

4
ピラフ用ソースを作る。Ⓐを混ぜ合わせて、スプーンから垂れる程度に伸ばす。

デミグラスソースと水だけでも良いが、赤ワインを入れることで、より店の味に近づけることができる。

5
中火で熱したフライパンにサラダ油、バターを入れ、2、3を炒める。玉ねぎが透き通ったらご飯を加え、よくほぐしながらさらに炒める。

ご飯は調理の5分ほど前に炊飯器から出しておくと、炒めやすく味もなじみやすい。

6
塩、こしょうで味をととのえる。

ピラフ用ソースを入れる前に味見をして、塩加減などを調整する。

7
4を加え、ご飯にしっかりと絡めるように炒める。

8
7を器に盛り、1の半分を切って飾りつけたら完成。

港町の洋食

日本の洋食文化は港町から始まった

西洋の料理は海外からの旅客や船上料理人が入国する港町から日本に持ち込まれ、洋食文化として広がったといわれている。1859年の開港以降、文明開化の影響を受けてきた横浜もその例外ではなく、今でも歴史ある洋食の名店がある。

店内はクラシックな雰囲気でありながら、港の近くで開放感がある

横浜から日本の食卓に洋食文化を広めた「ホテルニューグランド」

横浜・山下公園のほど近く、港に臨むヨーロッパ風の石造りのクラシックホテルがある。1927年開業の「ホテルニューグランド」だ。関東大震災からの復興を祈願して建てられ、日本の洋食文化を発展させたことで知られている。初代総料理長サリー・ワイルは、昭和初期の日本に西洋料理の技術を持ち込んだ〝日本のフランス料理の父〟と語られる存在だ。今ではおなじみの「シーフードドリア」をはじめ、日本の食材を西洋風にアレンジしたり、上流階級に向けた贅沢で格式ばったホ

開業当時の「ホテルニューグランド」

麺をゆで置きすることで、
独特のコシともっちりした
食感になる

スパゲッティ ナポリタン

2277円

終戦後の接収時代、巷で米兵たちがゆでたスパゲティにケチャップをあえたものを食べているのを知った2代目の入江シェフが、アレンジして創作。濃厚なケチャップ味のナポリタンを思い浮かべながら食べると驚く。発祥のナポリタンはケチャップは使わず、フレッシュトマトの甘みを生かしたマイルドな味わいが後を引く美味しさだ。

2代目総料理長
入江茂忠氏

ホテルニューグランド発祥の洋食

シーフード ドリア

3162円

初代総料理長のサリー・ワイルが、体調を崩した宿泊客のために即興で考案したのがドリアのはじまり。バターライスの上にエビと帆立のクリーム煮をのせ、ドリアソースをたっぷりかけてオーブンで焼き上げる。

初代総料理長
サリー・ワイル氏

布地で丁寧に濾し、なめらかに仕上げるドリアソースはまろやかで上品な美味しさ

テルのレストランにアラカルト形式を導入したりするなど、自由な空気を持ち込んだのもワイルの働きだった。その後、彼のもとで修業した弟子たちが日本各地に巣立っていったことで技術は広まり、洋食は一般家庭でも親しまれる食文化に育っていった。2027年に開業100周年を迎える同ホテルでは、大切に受け継がれてきた伝統の味をこれからも守り続けていく。

ホテルニューグランド　ザ・カフェ

神奈川県横浜市中区山下町10 ホテルニューグランド本館1F
045-681-1841　10:00～21:30（LO21:00）
休 無休　交 横浜高速鉄道みなとみらい線元町・中華街駅より徒歩すぐ

横浜の洋食

生のトマトをケチャップで代用したものが全国で定番に。聖地で味わうナポリタンはまさに至高の味わい。

「Del・i&Bar 横浜ブギ」（P100）が教える

横浜ベジナポ

カラフルな野菜がたっぷり!
もちもち麺のナポリタン

2.2mmの太麺を一晩水に浸けて作るので生パスタのような食感に

〈 **材料**（約2人分）〉

パスタ（2.2mm）… 乾麺で180g
ベーコン … 40g
ウインナー … 20g
しめじ … 35g
オリーブオイル … 大さじ1/2

Ⓐ
オリーブオイル … 大さじ1
玉ねぎ … 50g（1/4個）
パプリカ（赤・黄）… 各35g（各1/4個）
ズッキーニ … 100g（1/2本）

Ⓑ
オリーブオイル … 大さじ2
なす … 70g（1/2本）

塩、こしょう … 各少々
ケチャップ … 大さじ2／50g
ガーリックパウダー … 少々
エルブドプロヴァンス（バジルでも可）… 少々
パセリ（みじん切り）… お好みで

横浜ベジナポの作り方

1

大きめのタッパーに乾麺のパスタとたっぷりの水（分量外）を入れ、冷蔵庫で一晩おいておく。

麺の内部に水を浸透させることで、ゆで時間を大幅に短縮できる。

2

ⒶⒷの野菜はすべて1.5cm程度の角切りにする。ベーコンは細切りに、ウインナーは輪切りにする。しめじは石づきを取ってほぐす。

3

フライパンにオリーブオイルを中火で熱し、ベーコンを炒める。ベーコンから脂が出たらウインナーを加えて炒め、火が通ったらしめじを加え、軽く炒めて皿に移す。

ベーコンとウインナーから出る旨味のある脂をしめじに吸収させる。

4

3のフライパンの油を軽く拭き、Ⓐをオリーブオイル→野菜の順に入れて中火で炒める。同時に別のフライパンでⒷを同様に炒める。

なすは水分量が多く、油を吸収しやすいので別のフライパンで炒める。

5

ⒶとⒷに火が通ったら1つのフライパンにまとめる。塩、こしょう、ケチャップ大さじ2、ガーリックパウダーを加えて全体が混ざるまで中火で炒め合わせる。火を止めたらエルブドプロヴァンスを振りかける。

6

1のパスタをタッパーから取り出し、水を切る。沸騰したたっぷりの湯（分量外）に塩ひとつまみ（分量外）とパスタを入れ、強火で3分ほどゆでる（やわらかめに仕上げる場合は4分）。

7

ゆで上がったパスタを湯切りし、5のフライパンに入れる。ケチャップ50gを加えて麺を混ぜるように中火で軽く炒める。

麺が伸びてしまうので手早く絡めるのがポイント。

8

皿に7を盛り付け、具材をバランス良くのせる。パセリをトッピングして完成。

横浜の洋食

ナポリタン

おいしさのひみつ

1896年、横浜で誕生した清水屋ケチャップ(→P74)が味の決め手。岩井のごま辣油も味変におすすめだ

王道ナポリタン　1100円

本牧の製麺所「満寿屋」特注のビールを練り込んだ生パスタはもっちりした理想的な食感

[桜木町／馬車道]

驛の食卓《うまやのしょくたく》

横浜の食文化を凝縮したシンプルで王道の味

ナポリタンだけでなく日本のビール文化発祥の地でもある横浜で、古くから醸造を行うクラフトビール「横浜ビール」直営のレストラン。地産地消をテーマに、ナポリタンの麺や調味料にも地場食材を使用。味付けはケチャップと黒こしょうのみと極めてシンプルだが、トマト本来の甘みやコクを感じる豊かな味わいに驚かされる。

神奈川県横浜市中区住吉町6-68-1
横浜関内地所ビル1・2F
045-641-9901
月・金曜11:30〜14:00、17:00〜22:00、
火・水・木曜17:00〜22:00、
土曜11:30〜22:00、
日曜・祝日11:30〜21:00
休 年末年始
交 各線桜木町駅、横浜高速鉄道みなとみらい線馬車道駅より各徒歩約5分

1 横浜を拠点に活動するアーティストの作品が店内の壁を彩り、明るくモダンな雰囲気　2 1階は醸造設備を眺めながら出来立ての味を気軽に楽しめるビールスタンドになっている

黄金色の目玉焼きが美しい
老舗の絶品ナポリタン

［黄金町］

シャルドネ

下町のレストランを標榜し、家族で営む創業36年の洋食店。常連客の要望で10数年前に誕生したナポリタンは、今や店の看板メニューに。ケチャップに自家製トマトソースと野菜のピューレを加え、まろやかでコク深い奥ゆきのある味を実現。わずかに歯応えを残した麺や、とろける食感の揚げなす、艶やかな目玉焼きとの相性もバッチリ。

黄金ナポリタン
900円

ソースの味を楽しんだ後に黄身を麺と絡めれば、よりまろやかになり一皿で二度美味しい

神奈川県横浜市中区初音町1-2
045-253-1248
11:30〜13:45LO、17:00〜20:30LO
休 水曜、第3木曜
交 京急本線黄金町駅より徒歩約5分

1地域に長年愛されてきた歴史を感じさせる、町の洋食店を体現したノスタルジックな空間
2店は黄金町駅と日ノ出町駅のちょうど中間にあり、大通りに面したレトロな外観が目印

［元町・中華街］

立寄処 道中《たちよりどころ どうちゅう》

個性豊かなアレンジの8種類を揃えるナポリタンの聖地。ケチャップを使わない点が特徴で、味の根幹を成すのは研究熱心な店主が試行錯誤の末に完成させた特製ソース。トマトや玉ねぎをベースに自家製ジャムやにんにくなどを加えて4時間煮込み、酸味が少なく素材の甘みや旨味が引き出された、深みのある味に仕上げている。

自家製ソースにこだわった
オリジナリティあふれる逸品

ナポリタン
850円

具材にした小松菜の独特な青み、ライムの酸味もソースに深みを与える要素となっている

1壁には横浜の古地図が貼られており、その歴史や文化を話好きの店主と語り合うのも一興
2見晴トンネルの手前にあり、店頭ののぼりが目印。自家製ソース（110g）は500円で販売も行う

神奈川県横浜市中区新山下3-14-1
ベイサイド新山下A8
080-4344-0850
11:30〜22:00
休 火曜
交 横浜高速鉄道みなとみらい線元町・中華街駅より徒歩約14分

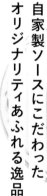

神戸の洋食

近畿地方を代表する港町・神戸はビフカツの激戦区。牛肉文化が根強く残る関西ならではのごちそうだ。

「洋食 ジャンボ」(P100)が教える

ビフカツ

マスタードが肉の味をワンランクアップさせる!

ミディアムレアに仕上げるなら二度揚げで。余熱で火入れをしよう

〈 材料(1人分) 〉

牛ヒレ肉 … 1切れ(約130g)
ピュアオリーブオイル … 大さじ3
フレンチマスタード
(ディジョンマスタードでも可)… 適量
塩 … 少々
こしょう … 少々

パン粉 … 適量
サラダ油 … 適量
デミグラスソース
(P105参照)… 適量

■バッター液

Ⓐ
卵白 … 1個分
強力粉 … 25g
ガーリックパウダー … 3g
塩 … 3g
白こしょう … 1g

ビフカツの作り方

1
牛ヒレ肉（ブロック）を厚さ5cm程度（約130g）に切り、肉の水分をキッチンペーパーで拭き取る。

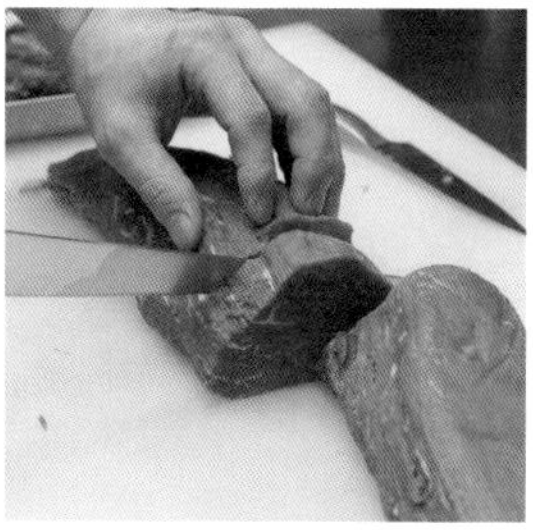

2
肉をやわらかくするため、ピュアオリーブオイルで肉をコーティングしてキッチンペーパーで包み、さらにラップで包み冷蔵庫で一晩寝かせる。

寝かせる時間は、冷蔵庫で1時間程度でも可。冷蔵庫の匂い移りを防ぐため、必ずラップで包む。

3
肉についたピュアオリーブオイルをキッチンペーパーで拭き取る。

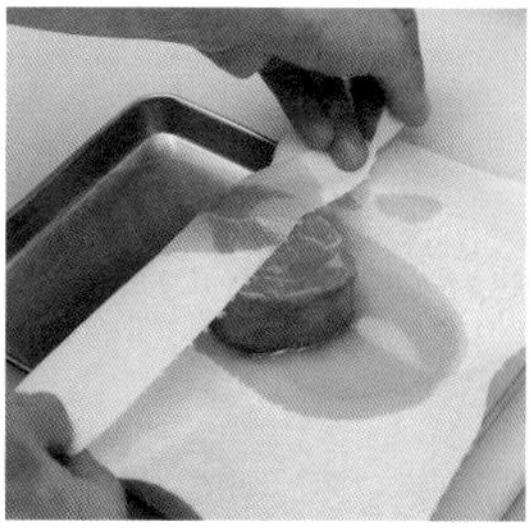

丁寧に拭き取ることで、バッター粉がつきやすくなり、衣離れを防ぐ。

4
肉の両面にコーティングするようにフレンチマスタードを塗り、塩、こしょうをする。

先に塩、こしょうをすると肉の水分が出てしまうため、必ずフレンチマスタードを塗ってから。

5
Ⓐを混ぜて作ったバッター液を肉に薄めに塗る。

肉の両面だけでなく、サイドも忘れずに。薄めに塗ることで、衣がはがれにくくなる。

6
パン粉をつけて、180〜185℃のサラダ油で1分揚げる。取り出して余熱で3分ほど時間をおいてから、再び1分揚げる。

サラダ油に牛脂を加えるとよりコクが出る。一度目に揚げる時にしっかりと油を切ると、衣がカリッと仕上がる。

7
二度揚げの後、余熱で1分ほどおいてからカットし、付け合わせとともに皿に盛る。デミグラスソースをかけたら完成。

神戸の洋食

ビフカツ

ビフカツレツ　1500円

サラダ、ライス、スープがセットで、昼夜ともに同価格で提供。売り切れ次第終了

おいしさのひみつ

脂身やスジを丁寧に時間をかけて処理をすることで、ジューシーでやわらかなビフカツに仕上げている

［新開地］

洋食屋《ようしょくや》 ゆうき《ゆうき》

丁寧な下ごしらえで牛の旨味を引き出す

王道の洋食店を始めようと、2010年にオープン。ビフカツに使うのは180g前後と大きめのオーストラリア産サーロイン。フライパンで揚げ焼きし、オーブンで仕上げることでよりやわらかな食感を楽しめる。パン粉も控えめで味付けもシンプル。フルーティーなデミグラスソースが肉本来の美味しさを一層高めてくれる。

2

兵庫県神戸市兵庫区湊町4-2-12
リビース湊川1F
078-576-2055
11:00〜13:30、
土・日曜11:00〜13:30、18:00〜19:30
休 不定休
交 神戸高速鉄道新開地駅より徒歩すぐ

1 カウンター席も多く、ひとり客も気軽に立ち寄れる　2 入口は銀行横の通路を入ってすぐ。人気のメニューは開店と同時に売り切れることも。お得な日替わりランチも人気

1

根っからの洋食好きが作る 肉感しっかりの逸品

ビーフカツ定食(100g) 1900円 肉のサイズは70、100、140gの3種が選べる。自家製のフレンチドレッシングも好評だ

[元町]

洋食ゲンジ《ようしょくげんじ》

「人には任せない。揚げ、焼き物はずっと僕が担当」。この道47年のシェフが作るビフカツは赤身の旨味を感じられる国産ウチモモ肉を使用。高温のラードでさっと揚げたカツに、甘めのデミグラスソースをたっぷりと。「3世代で来るお客さんもいるけど、みんな年齢関係なく食べはるね」と言うだけあって、驚きのやわらかさに舌が喜ぶ。

兵庫県神戸市中央区元町通3-17-8
TOWA神戸元町ビル1F
078-321-0252
11:30〜15:00(LO14:45)、
17:00〜21:00(LO20:15)
休 火曜、第1水曜
交 各線元町駅より徒歩約3分

1 キッチンをぐるりと囲むようなカウンター席。テーブル席のほか、奥には個室もあり使い勝手もいい 2 新開地で開業し、現在の場所に移転して18年。店舗の裏手には駐車場もある

[三宮・花時計前]

グリル 十字屋《ぐりる じゅうじや》

1933年の創業から変わらぬメニューと、風格ある装飾が歴史を感じさせる老舗。人気メニューのビフカツは分厚く切った国産ロース肉を使い、絶妙なレア感が自慢。数日かけて作る甘みと酸味が好バランスなデミグラスソースは、あっさりとした味わいで箸がすすむ。週に2回、3回と食べにくる年配の常連客が多いのも頷ける一皿。

昭和の創業から変わらない 肉厚な〝欧風〟ビフカツ

ビーフカツレツ 1650円 料理は単品なので、ライスかパン、ポタージュなどがセットになったメニューを注文しよう

1 現在の場所に移転して50年。改装時も当時の面影を残すため、テーブルやイスはもちろん、装飾もそのままに 2 店は半地下にあり、ゆっくり食事ができる場所として愛されている

兵庫県神戸市中央区江戸町96 ストロングビル1F
078-331-5455
11:00〜14:30、17:00〜19:30、
土曜、祝日11:00〜14:30、17:30〜19:30
休 日曜、月1・2回不定休あり
交 神戸市営地下鉄海岸線
三宮・花時計前駅より徒歩約2分

全国各地の港町洋食

日本各地の港町には、洋食文化の発展に貢献した店がある。
かつての味を継承・復刻している、伝統的な一皿をご紹介。

函館　五島軒《ごとうけん》

1879年、パン製造技術を持つ創業者・若山惣太郎とロシア料理の技術を持つ初代料理長・五島英吉が「ロシア料理とパンの店」として開業。その後、大火で店舗を消失し、フランス料理店へと転換すると、帝国ホテルでフレンチを学んだ2代目・若山徳次郎が礎を築いた。大正期に完成させた代表作のカレーは、現在も多くの人々に愛される。

140余年の技と味を
存分に味わう看板メニュー

明治の洋食＆
カレーセット　3300円
歴史ある五島軒の洋食と、店を代表するカレーを一皿に。同店人気No.1メニュー

2

1

1 レストラン雪河亭ではカジュアルな洋食やロシア料理、本格フルコースまでいただける
2 1935年建築の本店。異国情緒あふれる建物は、北海道初の国登録有形文化財

北海道函館市末広町4-5
☎ 0138-23-1106
🕘 五島軒本店・レストラン雪河亭
11:30～15:00（LO14:30）、
17:00～20:30（LO20:00）
㊡ 火曜（一部期間除く）、1月1日・2日
㊫ 函館市電十字街電停より徒歩約3分

新潟　イタリア軒《いたりあけん》

1874年に開業した日本初のイタリア料理店。イタリア人の創業者、ピエトロ・ミリオーレが開いた牛鍋屋が原点で、明治時代に日本で初めてミートソーススパゲッティを提供したことでも広く知られている。肉の旨味と野菜の甘みを引き出したボロニア風ミートソーススパゲッティは、代々口承でシェフに引き継がれている自慢の一皿。

日本で初めて提供された
イタリア人伝承のミートソース

伝統のボロニア風
ミートソーススパゲッティ　1800円
1920年のメニュー表に残るメニュー。
巨大鍋で丸2日煮込むソースは格別

2

1

1 マルコ・ポーロの航海をイメージした店内。ステンドグラスや初期のメニュー表などが飾られる
2 創業者のピエトロ・ミリオーレ。来日時フランスのサーカス団のコックとして同行していた

新潟市中央区西堀通七番町1574
☎ 025-224-5123
🕘 ホテルイタリア軒 マルコポーロ
11:30～14:30（LO14:00）、
17:30～21:00（最終入店20:00、LO20:30）
喫茶10:30～17:30（LO17:00）
㊡ 無休
㊫ JR各線新潟駅からバス古町下車、徒歩約6分

複雑ながら、親しみやすい
150年愛される伝統の味

オリエンタルビーフカレー
3600円 ※レストランでもカフェでも提供可
スパイシーな欧風カレー。オーダーが入ってから焼いた国産牛を赤ワインで香りづけしてルウにイン

神戸 オリエンタルホテル神戸《おりえんたるほてるこうべ》

明治の開港以来、海外客をもてなすために洋食文化が発展した神戸で1870年に誕生。阪神淡路大震災により一時休業したものの、2010年に想いを継いで再スタートしたことを機に、創業時から人気が高いカレーを復刻した。かつての味を知る人の声を頼りにシェフが研究を重ねて完成させた、ホテルを代表するメニューだ。

兵庫県神戸市中央区京町25
☎ 078-326-1577
🕘 MAIN DINING BY THE HOUSE OF PACIFIC
11:30〜16:00（LO14:00）
The Bar J.W.Hart（カフェ）10:30〜17:30
㊡ 無休
㊋ JR神戸線三ノ宮駅、各線神戸三宮駅より各徒歩約7分

1 日本人ならではの行き届いたサービスと一流の料理で、世界中のVIPを迎える **2**「東洋一美しい居留地」と謳われた神戸旧居留地の中心地に誕生した日本最古級の西洋式ホテル

2

1

歴史ある西洋レストラン跡で
昔日を思い頬張るシチュー

ビーフシチュー
1600円
バゲット付き
5〜6時間煮込んだ牛肉や、ごろごろ大きくカットされた具材で食感の良さを楽しんで

長崎 自由亭喫茶室《じゆうていきっさしつ》

グラバー園の敷地内にあるカフェは、1878年に草野丈吉氏が開業したレストラン「旧自由亭」の建物を活用している。出島のオランダ総領事のもとで働いていた草野氏は、長崎で日本人シェフによる初の西洋料理店「良林亭」を開店したことでも有名だ。代表作のビーフシチューは、明治初期に伝わったとされるレシピを現代風にアレンジした逸品。

長崎県長崎市南山手町8-1
☎ 095-822-8223
🕘 9:30〜17:15（LO16:45）
㊡ 無休
㊋ 長崎電気軌道大浦支線大浦天主堂電停より徒歩約7分

1 窓からは長崎港と東山手居留地が一望できる。別途グラバー園の入場料が必要 **2** レストラン廃業後は検事正官舎として使用され、1974年にグラバー園に移築復元された

2

1

日本初のケチャップは横浜で生まれた！

国産のトマトケチャップは、なぜ横浜で生まれ、時を経て再び人気を集めるのか。『清水屋ケチャップ』の誕生と復活の軌跡に迫る。

**清水屋有機ケチャップ瓶
750円（300g）**

「清水屋」創業者の清水與助が製造した国内初のトマトケチャップを復刻。トマトや玉ねぎ、香辛料もすべてオーガニックにこだわる。味だけでなく、與助が自らデザインしたラベルも再現された。

日本人にはあまりなじみのない トマトを美味なるソースに

1859年の開港以降、西洋野菜の栽培が子安村（現・神奈川区子安）をはじめ、横浜各地に広まり始めた。しかし当時のトマトの味は青臭く、日本人には敬遠されがちであった。生産者が次々に栽培をやめていくなか、農家のひとり、清水與《よ》助《すけ》は売れ残ったトマトを原料にして加工業に乗り出す。横浜の外国人スポーツクラブの料理人・細貝音八からトマトケチャップの作り方を学び、南洋の香辛料を追い求めた。研究に労を尽くして與助が完成させた『清水屋ケチャップ』は、国内初のトマトケチャップとなって人々に受け入れられていった。

ケチャップ製造に挑んだ清水與助
（横浜開港資料館所蔵）

文明開化のロマンあふれる 正統派ケチャップの味を再び

トマトソースの製造等を手がける丸山和俊氏は、ケチャップの歴史を調べるなかで偶然にも清水與助の功績を知る。工業化の波にのまれて清水屋は昭和初期に廃業したが、與助の精神に感銘を受けた丸山氏は横浜開港資料館や與助の孫の協力を得て『清水屋ケチャップ』の復刻を決意。2年の歳月を経て、極上の味をよみがえらせたのだ。與助が追求した正統派の味に、現代の人々もまた魅せられている。

與助を手伝ったという、孫の金子とよ子さんが横浜開港資料館に寄贈した明治時代のトマトケチャップのラベルの数々
（横浜開港資料館所蔵／東京新聞掲載記事より）

サイドメニュー
ソース

食卓に彩りを添える「サイドメニュー」。
色々な料理に活用できる基本の「ソース」。
作り方を覚えて店の味に挑戦しよう！

サイドメニュー

「黒船亭」（P95）が教える

人参のポタージュスープ

にんじんの自然な甘さが口の中にじんわり広がる

フォカッチャやパンを添えればこれだけで十分満足感のある一品に

〈 材料（約4人分）〉

- にんじん（小）… 2本
- 玉ねぎ（小）… 1個
- ベーコン … 30g
- サラダ油 … 大さじ1
- 水 … 1ℓ
- 鶏ガラスープの素 … 小さじ2
- ご飯 … 60g
- Ⓐ
  - 塩、こしょう … 各少々
  - チキンコンソメ（顆粒）… 8g
  - 生クリーム … 50ml
  - 無塩バター … 大さじ1
- コーヒーフレッシュ、パセリ、クルトン … お好みで

人参のポタージュスープの作り方

1

にんじん、玉ねぎは1cm幅、ベーコンは1cm角に切る。

2

深鍋にサラダ油とベーコンを入れて中火にかけ、炒める。

3

ベーコンの香りが出てきたら玉ねぎを加えて中火で炒める。玉ねぎがしんなりしてきたらにんじんを加え、さっと炒める。

4

3に水、鶏ガラスープの素、ご飯を加えて中火で沸かす。

ご飯を入れることでスープにしっかりとろみがつく。

5

ふつふつしてきたら弱火にし、さらに20分ほど煮込む。アクが出たら取り除く。

にんじんに竹串がスッと刺さったら煮込み完了のサイン。

6

5をミキサーに入れ、具材の形がなくなるまで撹拌する。

7

鍋にシノワ（目が細かいザルでも可）をのせ、6を濾す。

8

7を弱火にかけ、Ⓐを加えて味をととのえる。具材の固まりがあった場合はヘラで潰すようにゆっくりと混ぜ合わせる。

9

8を器に盛ってコーヒーフレッシュをかけ、刻んだパセリ、クルトンを添えたら完成。

コーヒーフレッシュをギザギザにかけた後、竹串で下から上になぞるときれいな模様を作れる。

「芳味亭 人形町本店」(P96)が教える

オニオン・グラタンスープ

アメ色玉ねぎの旨味とコクあふれる
たっぷりチーズの伝統スープ

じっくりソテーした玉ねぎの甘みで心も体もほっこりあたたまる

〈 材料(10〜15人分) 〉

玉ねぎ … 3個
にんにく … 2個／適量
ローリエ … 1枚
バゲット … 2枚(1人前)
バター … 30g
グリュイエールチーズ シュレッド
(ピザ用チーズでも可) … 適量
薄力粉 … 5g
塩 … 適量
こしょう … 適量
チキンブイヨン … 500ml
黒こしょう … 適量
パセリ(みじん切り) … 適量

オニオン・グラタンスープの作り方

1

玉ねぎとにんにく2個は薄切りにする。

玉ねぎは繊維に沿って切ると切りやすい。

2

バゲットを5mm幅くらいに切り、トースターで片面2分30秒ずつ焼く。

3

焼き上がったバゲットの両面に、にんにく適量をこすりつけるようにしっかりと塗る。

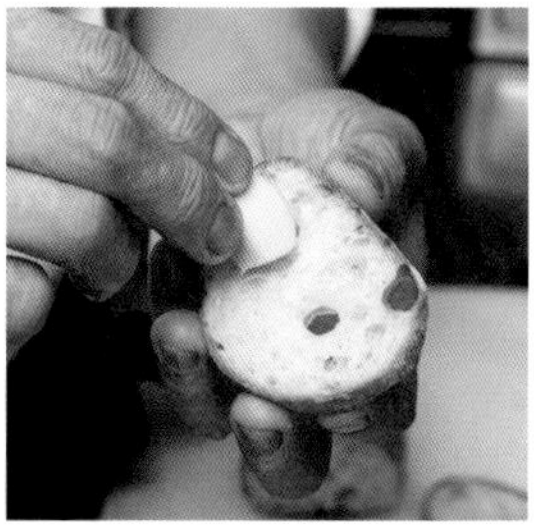

4

鍋にバターを入れて強火にかけ、1と塩ひとつまみを加えてソテーする。

軽く塩を振ることで、玉ねぎから水分が出やすくなる。

5

水分がなくなってきたら弱火にし、玉ねぎをじっくり炒める。

6

玉ねぎがアメ色になったら弱火にし、薄力粉を加えて全体になじませる。

7

チキンブイヨンとローリエを加え、アクを取りながら中火で15分ほど煮込む。

8

塩、こしょうで味をととのえたら火を消して、耐熱容器に注ぐ。

9

バゲットとチーズをのせて200℃のオーブンで10分ほど焼く。

トースターの場合は1000Wで5分ほど（チーズに焼き色が付くまで）。

10

仕上げにパセリを振って完成。

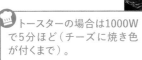

「御堂筋 ロッヂ」(P98)が教える

あさり入りミネストローネスープ

あさりの旨味が溶け出した
野菜たっぷりの食べるスープ

ミンチを使うとベーコンよりやさしい味わいに。魚介とも相性◎

〈 材料(4人分) 〉

A
- 玉ねぎ … 200g
- にんじん … 150g
- セロリ … 100g

B
- キャベツ … 100g
- しいたけ … 50g
- じゃがいも … 200g

- オリーブオイル … 適量
- 合いびき肉 … 100g

C
- トマト水煮缶(カット) … 200g
- ミックスビーンズ缶 … 200g
- 水 … 800ml
- ローリエ … 1枚

- あさり(大) … 12個
- 白ワイン … 120ml
- 塩、こしょう、オレガノ … 各適量
- パセリ(みじん切り)、粉チーズ、フランスパン … 各適量

あさり入りミネストローネスープの作り方

1

Ⓐ、Ⓑをすべて1cm角に切り、それぞれ分けておく。あさりは砂抜きしておく。

2

鍋にオリーブオイル、合いびき肉を入れて中火にかけ、パラパラになるまで炒める。

合いびき肉は炒めることで香ばしくなり、旨味がアップ。

3

Ⓐを加え、しんなりするまで弱火で炒める。

弱火で炒めることで野菜から甘みが出る。

4

Ⓑを加えてさらに炒め、全体がなじんだらⒸを加えて強火で煮る。

5

沸騰したら中火にして、アクを取りながらじゃがいもに火が通るまで30分ほど煮込み、塩、こしょうで味をととのえる。

こしょうを入れ過ぎると野菜の甘みが消えてしまうので注意。

6

香りづけのオレガノを加えてひと煮立ちさせる。

7

フライパンに白ワインを入れて中火にかける。あさりを加えたら、蓋をして口が開くまで強火にかける。

※写真は1人前ずつの仕上げ方

8

火を止めて6を加え、必要であれば塩、こしょうで味をととのえる。

※写真は1人前ずつの仕上げ方

あさりをプラスすることで風味、旨味がアップ。

9

クルトンを作る。フランスパンをオーブンで焼き色がつくまで焼き、粗く砕いておく。

10

8を器に盛って9をのせ、パセリ、粉チーズをかけたら完成。

「洋食屋 ふじ家」（P99）が教える

海の幸のサラダ

オリジナルドレッシングでいただく
贅沢海鮮サラダ

海鮮は刺身用であれば、旬のものでアレンジしても◎

〈 材料（2人分） 〉

サニーレタス … 3〜4枚
Ⓐ レタス … 1/2玉
トレビス … 1枚
水菜 … 1/5パック
プチトマト … 2個
鯛（刺身用）… 適量
ボイルエビ … 2尾
マグロ（刺身用）… 適量
Ⓑ レッドキャベツスプラウト（あれば）… 少量
食用菊（あれば）… 少量

■野菜用ドレッシング
辛子 … 3g
卵黄 … 1個分
塩 … 小さじ1
サラダ油 … 180ml
酢 … 60ml
砂糖 … 20g
こしょう … 少々
パプリカパウダー … 適量

■魚介用ドレッシング
オリーブオイル … 大さじ1
ハチミツ … 適量
白ワインビネガー … 小さじ1
塩、こしょう … 各少々

海の幸のサラダの作り方

1

Ⓐの野菜の芯を切り落とし、水でさっと洗い氷水にさらしておく。

氷水にさらすことで、シャキシャキと食感が良くなる。

2

野菜用ドレッシングを作る。ボウルに辛子、卵黄を入れて泡立て器でしっかりと混ぜたら、塩を加えてさらに混ぜる。

3

サラダ油と酢をどちらも少量ずつ交互に加えて混ぜる。ある程度の固さが出たら、砂糖、こしょうを加えてさらに混ぜる。

少量ずつ入れることで、味がなじみやすく、分離を防ぐ。

4

パプリカパウダーを加え、ダマにならないようにしっかりと混ぜる。

スプーンから垂れる程度の固さがちょうど良い。

5

1、プチトマトを食べやすいサイズに切る。

野菜は手でちぎってもOK。ドレッシングがよりなじみやすくなる。

6

魚介を食べやすいサイズに切る。

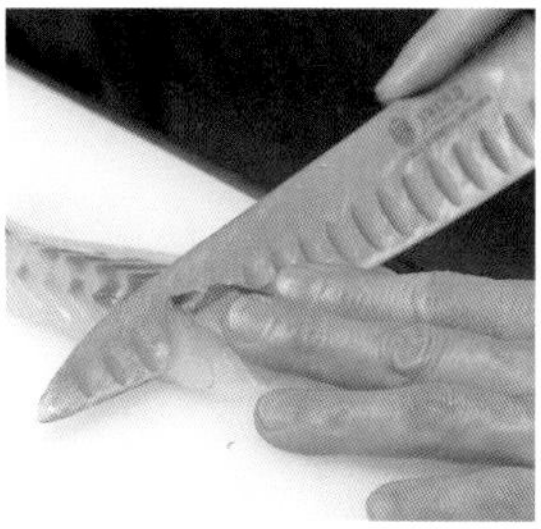

7

魚介用ドレッシングを作る。ボウルにオリーブオイル、ハチミツ、白ワインビネガーを入れてしっかりと混ぜ、塩、こしょうで味をととのえる。

8

皿に5、6を盛り付ける。野菜に4のドレッシング、魚介に7のドレッシングをかけ、Ⓑを散らしたら完成。

「新富士本店」（P98）が教える

スパゲティサラダ

前菜としても人気のさっぱりスパゲティサラダ

野菜、たんぱく質、炭水化物と栄養バランスに優れているのも人気の理由

〈 材料（1人分）〉

スパゲティ … 30g
レタス … 60g
きゅうり … 1/3本
トマト … 3切れ（くし形切り）
セロリ … 5cm分
ロースハム … 1枚
紫玉ねぎ … 20g
マヨネーズ、塩、こしょう、旨味調味料 … 各適量
パセリ … 少々
レモンスライス … 1枚

スパゲティサラダの作り方

1
スパゲティをパッケージの時間通りにゆでて水にさらし、水気を切ったら冷蔵庫で冷やしておく。

2
レタスはざっくりと切る。

手でちぎってもOK。

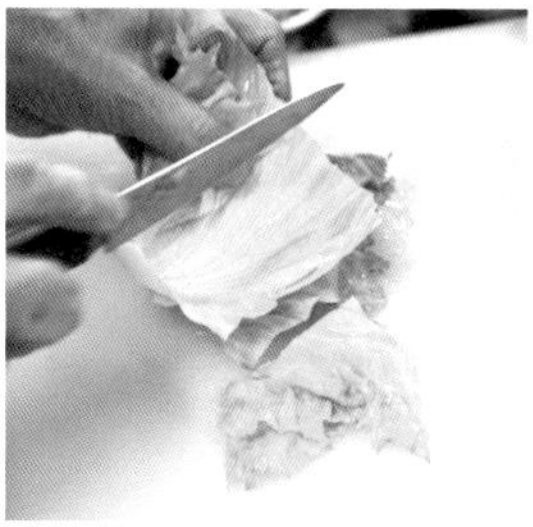

3
きゅうりは食べやすい大きさに切る。

4
トマトは皮をむき、さらに3等分に切る。

皮をむくことで、ソースと味がなじみやすくなる。

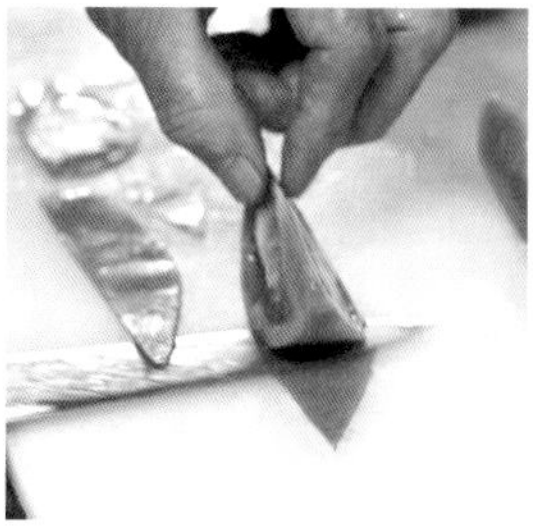

5
セロリは筋を取り、千切りにする。

セロリは上のやわらかい部分を使用すると食感が良い。

6
ロースハムはセロリの幅に合わせて細切りに、紫玉ねぎは薄切りにする。

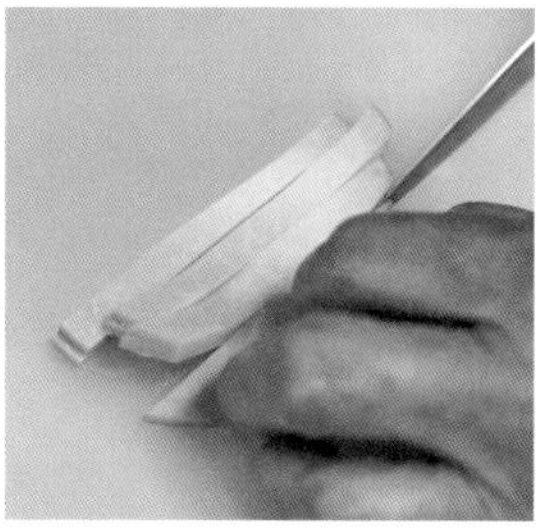

7
器などに**1〜6**を入れ、マヨネーズ、塩、こしょう、旨味調味料を加えたら手でしっかり混ぜ合わせる。

店では自家製マヨネーズを使用。酸味が少なめのものを使うと店の味わいに近づく。

8
7を皿に盛り、パセリ、レモンスライスを添えたら完成。

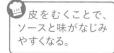

「復刻西洋食堂 **紅梅ダイナー**」(P97)が教える

タルタルソースの作り方

揚げ物やムニエルと相性の良いタルタルソース。
らっきょうを使うことでやさしい甘みと酸味がアクセントに。

〈 **材料**(作りやすい分量) 〉

卵(Mサイズ)… 18個
マヨネーズ … 500g
塩こしょう … 5g
パセリ(乾燥)… 5g
らっきょう … 3粒
練乳 … 5g(お好みで)

1

らっきょうはみじん切りにする。

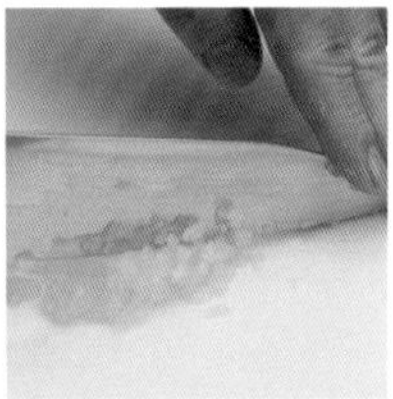

2

鍋に湯(分量外)を沸かして卵を入れ、沸騰させたまま蓋をして15分ゆでる。

色鮮やかな仕上がりになる。

3

ゆで上がったらすぐに冷水にさらして殻をむく。

急激な温度変化で中身が収縮し、殻との間に隙間ができてむきやすくなる。

4

ボウルに3を入れてマッシャーで1つずつ丁寧に潰す。

5

4にマヨネーズ、塩こしょう、パセリを加える。

パセリは生ではなく乾燥を使う方が日持ちするのでおすすめ。

6

1と練乳を加えたら、木ベラで全体をなじませて完成。

練乳を加えると味に深みが出る。

「レストラン大宮　浅草本店」(P94)が教える

ホワイトソースの作り方

グラタンやクリームコロッケに欠かせないホワイトソース。
薄力粉は電子レンジで温めることでダマができづらく、なめらかに仕上がる。

〈 材料(1～2人分) 〉

牛乳 … 300ml
薄力粉 … 30g
無塩バター … 30g

1

耐熱皿に薄力粉を広げ、焦がさないように気をつけながら電子レンジ(500W)で2分ほど温める。

ラップはなしでOK。水分を飛ばすことでダマができづらくなる。加熱後は新雪を歩いているような感触に。

2

1をザルに通す。このひと手間でよりなめらかに仕上がるが、面倒な場合は省いてもOK。

3

鍋に2の薄力粉と無塩バターを入れ、焦がさないようにヘラでかき混ぜながら弱火にかける。バターが溶けて全体になじんだら火を止める。

4

別の鍋に牛乳を入れ、中火にかけてヘラでよくかき混ぜる。沸騰したら火からおろす。

旨味が鍋に付いてしまわないように、よく混ぜるのがポイント。

5

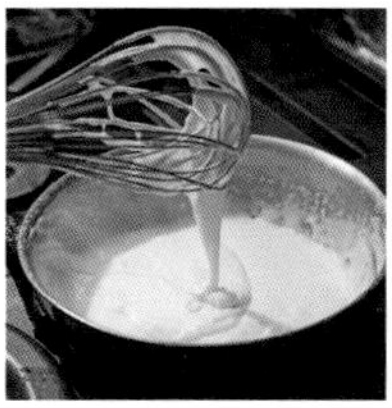

3に4を加えて中火にかけ、とろみがつくまで泡だて器でよくかき混ぜる。ソースの中心までしっかり火を通したら完成。

保存の際は、表面に密着させるようにラップをかけることで、膜が張るのを防げる。

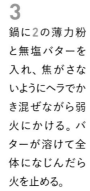

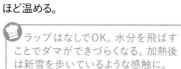

「グリルグランド」（P92）が教える

デミグラスソースの作り方

市販のデミグラスソース缶にひと手間加えるだけで本格的な味わいに。
ハンバーグ、ビーフシチュー、ハヤシライスなど幅広い料理に活用できる。

〈 材料（作りやすい分量）〉

玉ねぎ … 200g（中玉1個）
にんじん … 100g
ベーコン … 50g
オリーブオイル … 少々
バター … 20g
赤ワイン … 200ml
デミグラスソース缶（市販）… 290g×3
水 … 100ml
ビターチョコレート（市販の板チョコレートで可）… 10g
ケチャップ … 小さじ2
塩、こしょう … 各少々
砂糖 … 少々（お好みで）

1

にんじんはいちょう切りに、玉ねぎ、ベーコンは1cm幅に切っておく。

2

深めの鍋にオリーブオイル、バター、1を入れ、鍋底が焦げるくらいまで強火で炒める。

鍋が浅いと水分が蒸発しやすいので、深めの鍋を使う。わざと焦がすことで、風味とコクが出る。

3

赤ワインを加えてヘラで鍋底の焦げを削ぎ落すように混ぜ、汁気がほとんどなくなるまで煮詰めて、いったん火を止める。

赤ワインを焦がさないように注意。

4

デミグラスソース缶と水を加えて混ぜ、ふたたび強火にかける。煮立ったら弱火にし、時々混ぜながら15〜20分ほどコトコト煮込む。

水分を入れてじっくり煮込むことで、野菜の旨味がよく出る。シャバシャバ感がなくなり、とろみがついてきたらOK。

5

深めの鍋にザルをのせ、煮詰めたソースを丁寧に濾す。

6

濾したソースにビターチョコレートを入れ、ケチャップ、塩、こしょう、砂糖で味をととのえたら完成。

ビターチョコレートを入れることで、味に深みとほろ苦さが出る。甘みが足りなければ、お好みで砂糖を入れてもOK。

「レストラン大宮 浅草本店」(P94)が教える

デミグラスソースの素の作り方

野菜をじっくり炒めて作るワンランクアップのデミグラスソース。
ハンバーグなどに活用する際の調理過程で肉の旨味を加えることにより、ソースにさらに深みが出る。

〈 材料(できあがり約600ml) 〉

にんじん … 100g
玉ねぎ … 100g
セロリ … 100g
サラダ油 … 100ml
無塩バター … 20g(工程2)
小麦粉 … 20g
トマトペースト(市販)
… 大さじ2
ウスターソース … 大さじ2
赤ワイン … 200ml
ココアパウダー(純ココア)
… 小さじ2
水 … 400ml
ローリエ … 1枚
無塩バター … 50g(工程8)

1

にんじんは皮をむき、玉ねぎ、セロリとともにみじん切りにする。

2

鍋にサラダ油を熱して無塩バターを入れる。1を加えて強火で30分ほど炒める。

弱火だと野菜から水分が出るので、強火で炒めること。野菜の焦げはソースの深みにつながる。

3

耐熱皿に小麦粉を広げ、500Wの電子レンジで2分ほど温める。ザルに通すひと手間を加えれば、よりなめらかな仕上がりに。

4

野菜にしっかりと焼き色がついたら、トマトペースト、ウスターソース、3を加えて強火で炒め合わせる。

5

全体がなじんだら赤ワインとココアパウダーを加え、強火でさらに炒め合わせる。

ココアパウダーはチョコレートでも代用できるが、ココアパウダーの方が香りも良く、まろやかな苦みに。

6

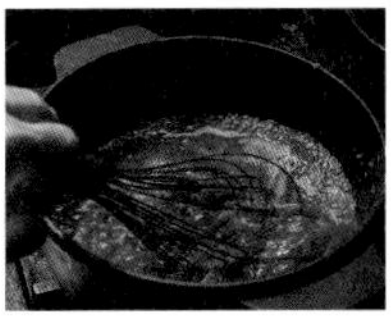

水とローリエを加えて強火で煮立たせ、沸騰したら中火にする。泡だて器でかき混ぜながら、水位が半分くらいになるまで30分ほど煮詰める。

プチトマト(分量外)を加えるとフレッシュ感が出る。

7

ハンドミキサーがあれば使用し、さらにとろみをつける。野菜の食感を残しても美味しくいただけるのでお好みで。

8

野菜が溶けるまで中火で煮込んだら鍋を火からおろす。無塩バターを入れて余熱で溶かし、ヘラで混ぜて全体になじませたら完成。

上級者向け!

芳味亭直伝! デミグラスソースの作り方

P46では自宅でできるデミグラスソースのアレンジレシピを紹介したが、今回はより本格的なデミグラスソースの作り方も特別に教えてもらった。材料・調理工程ともに上級者向けだが、その分美味しさも格段にアップ! 本格的なデミグラスソースを求めるなら、挑戦してみてはいかが?

〈 材料 〉

1日目

牛スジ肉 … 15kg

Ⓐ
- 赤ワイン … 1ℓ
- 水 … 牛スジ肉がひたひたになる程度
- 鶏ガラパック … 2kg

玉ねぎ … 3kg
にんじん … 2kg
セロリ … 1kg
にんにく … 2株
トマトペースト … 1kg

Ⓑ
- ソテーオニオン … 1kg
- 砂糖 … 100g
- 岩塩 … 50g
- 黒こしょう(ホール) … 30g
- ローリエ … 5枚

2日目

1日目に作ったソース
玉ねぎ … 6kg
にんじん … 4kg
セロリ … 2kg
にんにく … 2株
トマトペースト … 1kg
ブールマニエ※ … 2kg

※バターと薄力粉を同量で混ぜ合わせたもの(室温に戻したバターと薄力粉を混ぜる)

Ⓒ
- ソテーオニオン(30%) … 1kg
- 砂糖 … 100g
- 塩 … 50g

Ⓓ 塩、黒こしょう、砂糖 … 各適量

〈 作り方 〉

1日目

1 牛スジは鉄板に広げて、200℃のオーブンでしっかり色づくまで焼く。途中で裏返して全面を焼き、余分な脂は切っておく。

2 鍋に1とⒶを入れて中火で沸かし、アクと脂を取り除く。

3 玉ねぎ、にんじん、セロリは2cm角程度に切る。にんにくは皮をむいて半分に割る。

4 フライパンに油(分量外)をひき、中火で3を炒める。全体的にしんなりしたところでトマトペーストを加えて、全体になじませる。

> ここでトマトペーストの酸味を飛ばし、甘みを引き出す。

5 2の鍋に4を加え、中火で再び沸かしてアクと脂を取り除く。

6 5にⒷを加えて弱中火で8時間ほど煮る。焦げやすいのでこまめに混ぜ、アクと脂は都度取り除く。

> 水分量は最初の状態を保ち、煮詰まってくればその都度水を足すこと。火加減はほど良く沸いている状態。

7 8時間経ったら6を濾し器にかける。

> 牛スジ、野菜をすり潰すようにおたまなどを使って濾していく。

2日目

1 玉ねぎ、にんじん、セロリは1cm角に切る。にんにくは皮をむいて半分に割る。

2 フライパンに油(分量外)をひいて、中火で1を炒める。全体的にしんなりしてきたら、トマトペーストを加えて全体になじませる。

3 1日目の7に、2を入れてこまめに混ぜ、沸騰するまで強火で沸かす。アクと脂は取り除く。

4 3にⒸを加えて弱中火で6時間ほど煮る。焦げやすいのでこまめに混ぜ、アクと脂は都度取り除く。

> 水分量は最初の状態を保ち、煮詰まってくればその都度水を足すこと。火加減はほど良く沸いている状態。

5 6時間経ったら4を濾し器にかける。

> 野菜をすり潰すようにおたまなどで濾していく。

6 5を鍋に戻し、必要であれば中火で少し煮詰める。

7 ブールマニエを加えて泡だて器で混ぜる。濃度がついたら、Ⓓで味のととのえる。1日寝かしたら完成。

店舗ガイド

東京・大阪・神奈川・兵庫、それぞれの町に根付いた洋食店は、確かな味とほっと落ち着く佇まいで地元民のみならず多くのお客に愛されている。今回〝ひみつのレシピ〟を教えてくれた18軒の洋食店を一挙に紹介。

P8,P12,P88

東京
浅草

グリルグランド

浅草で愛され続けて80余年
家族の味を紡ぐ洋食店

1941年創業。観光客でにぎわう浅草の喧騒を抜けた住宅街にある、老舗洋食店「グリルグランド」。店を切り盛りするのは、3代目シェフの坂本良太郎さんと、経営面を担う兄・昌一さん。常連客は3世代にわたる。看板メニューは煮込みハンバーグと特製オムライス。2週間かけて完成させるデミグラスソースが美味しさの決め手。

1 家族のぬくもりを感じるレトロな雰囲気の店内。2階には個室を備える　2「100周年まで兄弟で駆け抜けたい」と二人は語る

東京都台東区浅草3-24-6
03-3874-2351
11:30～13:45LO、17:00～20:30LO
休 日・月曜
交 各線浅草駅より徒歩約10分

坂本《さかもと》 良太郎《りょうたろう》 シェフ

イタリアンとフレンチで8年間ほど修業。27歳で家業に入る。料理人だった父や祖父の背中を見て育ち、幼い頃から厨房が好きだったそう。

P10

東京
浅草

モンブラン《もんぶらん》 浅草店《あさくさてん》

1個220gとボリューム満点!
多彩なハンバーグが大人気

1980年に江東区森下で創業。雷門通り沿いの浅草店は3店舗目として2000年にオープン。牛肩ロースを100%使用した肉汁あふれるジューシーなハンバーグ1100円は多様なソースで味わいの違いを楽しめ、1日500食以上売れることも。店名の由来にもなったモンブランの標高4809mの10万分の1、約4.8cmの高さで提供。

1 温かみのある店内。インテリアは山小屋をイメージしている　2 観光客の利用も多く、毎日開店時には行列ができる繁盛店

東京都台東区浅草1-8-6 1F
03-5827-2771
11:00～21:30(フードLO21:00、ドリンクLO21:30)
休 水曜(祝日の場合は翌木曜休)
交 つくばエクスプレス浅草駅より徒歩約2分

畑山《はたやま》 順義《のぶよし》 シェフ

モンブラン料理長。19年前に入店し、創業時からのハンバーグのレシピを受け継ぐ。変わらない美味しさを守り続けている。

P14,P48

東京
宝町

銀座《ぎんざ》 日東コーナー《にっとうこーなー》

天井高4メートルの開放的な空間で開業時から変わらぬ味を提供

貿易業を営んでいた3代目社長がお得意様をもてなすためのサロンとして開業したのが始まり。長年にわたり歌舞伎座近くで営業していたが、ビルの老朽化のため現在の京橋公園前に移転。看板メニューのロールキャベツ1540円は開業当時の味を大切に守り続けており、その味を求めて遠方から訪れる客も多数。

1インテリアは移転前のスペインアンティークを踏襲 2「食べた時に個性を感じてもらえる美味しさを」をモットーに料理作りに励む

東京都中央区銀座1-27-10 ザ・アソシエイトビル1F
03-3535-6567
11:30～14:00、17:30～24:00（フードLO22:00、ドリンクLO23:00）※ランチはライスがなくなり次第終了
㊡ 日曜・祝日
㊋ 都営地下鉄浅草線宝町駅より徒歩約5分

竹田《たけだ》 大作《だいさく》 オーナーシェフ

ロールキャベツの生みの親・初代シェフに師事。伝統の味を守りながら店の味を自宅で再現できる、「3D冷凍」という技術も取り入れている。

P16,P50

東京
新宿

はやしや

昭和の百貨店食堂を彷彿とさせるどこか懐かしい雰囲気

三平グループの洋食部門として「三平食堂」の名で1949年に開業。女性のひとり客からサラリーマン、50年来の常連まで幅広い世代が訪れる。かつての復刻メニューで、ケチャップライスに豚カツの卵とじをのせてデミグラスソースをかけた三平ライス1000円は昭和気分を味わえると評判。約50種類と豊富に揃うワインも魅力だ。

1店内奥にある窓際のひとり席は歌舞伎町の街並みを一望できるとあって大人気だそう 2土日は昼夜ひっきりなしに客が訪れる

東京都新宿区新宿3-22-12 新宿サンパークビル5F
03-3352-5519
10:30～23:00（LO22:15）
※ランチは平日10:30～17:00、土・日曜・祝日10:30～15:00
㊡ 無休
㊋ 各線新宿駅より徒歩約5分

小林《こばやし》 幸雄《ゆきお》 シェフ

フランス料理の修業を経て、三平グループの地中海料理店等を手がける。さまざまな西洋料理を探求したのち、「はやしや」のシェフに。

P22,P87,P89

東京
浅草

レストラン大宮《れすとらんおおみや》 浅草本店《あさくさほんてん》

洋食のスタイルを追求し続ける 下町が生んだレジェンド

1982年にオーナーシェフ・大宮勝雄さんの地元である浅草にてオープン。大宮シェフは日本のフランス料理店で修業したのち、イギリスやフランスをはじめヨーロッパ各地で地方料理を学んだ。開業後は、現地で体感した味や文化を料理に落とし込み、フレンチの技法も取り入れた日本人に親しみやすい洋食を提供。下町が誇る名店だ。

1仲見世通りの脇に店を構える。1階にはカウンター席、2階にはテーブル席を完備 **2**創業50年を目指して厨房で腕を振るう大宮シェフ

東京都台東区浅草2-1-3
☎ 03-3844-0038
🕘 11:30～14:00LO、17:30～20:30LO、
日曜・祝日11:30～14:30LO、17:00～20:00LO
㊡ 月曜
㊋ 各線浅草駅より徒歩約3分

大宮《おおみや》 勝雄《かつお》 シェフ

現役であり続けることにこだわり、73歳の今も料理はもちろん、アーティスト活動や動画編集などを自ら行い、SNSで日々発信している。

P24,P26

東京
祖師ヶ谷大蔵

キッチンマカベ

素材本来の旨味を味わう! 昔から変わらない洋食

創業は1961年。2代目シェフが作り出すやさしい味の洋食を求め、著名人もリピートして通う老舗の洋食店だ。シェフが厳選した食材のみを使用し、“本物の味”を提供することにこだわっている。看板メニューは厚切りロース肉のポークジンジャー1936円、薄焼き卵のオムライスとチキンクリームコロッケがセットになったオム・コロ1705円だ。

1テーブル席は1階と2階に備えられており、ゆっくりと食事を楽しめる **2**ソースやタレだけでなくドレッシングもすべて店で手作りしている

東京都世田谷区祖師谷3-1-15
☎ 03-3482-3748
🕘 11:15～14:00LO、17:00～19:30LO
㊡ 木曜、隔週水曜
㊋ 小田急線祖師ヶ谷大蔵駅より約徒歩5分

兵藤《ひょうどう》 智《さとる》 シェフ

港区芝公園の高級フレンチ・クレッセントで修業を積んだのち、キッチンマカベの2代目シェフに就任。料理はすべて手作りで、良い素材を使うことを先代から継承している。

P32,P34,P36

東京
四ツ谷

かつれつ四谷たけだ《かつれつよつやたけだ》

どのメニューもボリューム満点 揚げ物に特化した洋食の名店

オフィス街としてにぎわう四ツ谷駅の近くに店舗を構える。以前は「洋食エリーゼ」という店名で幅広く洋食メニューを提供していたが、2011年よりシェフの得意な揚げ物に特化した店舗に業態を変更。冬季限定の牡蠣バター定食が特に人気で、ここでしか食べられない味を目当てに遠方から通うファンも多い。

1

2

1店内はカウンター席が多く気軽に利用できる　2揚げ物以外にもポークジンジャーやカレーなどのメニューもあり常連客に愛される

東京都新宿区四谷1-4-2 峯村ビル1F
03-3357-6004
11:00～15:00LO、17:00～21:00LO、土曜11:00～15:00LO
休 日曜・祝日
交 各線四ツ谷駅より徒歩約2分

竹田《たけだ》 雅之《まさゆき》 シェフ

「洋食エリーゼ」創業者の父のもとで修業し、30歳で2代目に。16年営業したのち、同じ場所で「かつれつ四谷たけだ」を再オープン。

P40,P54,P76

東京
上野

黒船亭《くろふねてい》

歴史と文化の街・上野で 受け継がれる伝統の味

店のルーツは1902年創業の料亭・鳥鍋。その後、中華やフレンチレストランを経て1986年に現在の黒船亭がオープン。原材料や調味料はすべて厳選したものを取り寄せ、季節ごとに変わるメニューでは旬の味覚を堪能することができる。ワインも種類豊富に取り揃えており、ソムリエおすすめの一杯を食事とともに楽しめる。

1

2

1土地柄、美術館の帰りに利用する客も多い　2看板メニューのハヤシライスには1週間かけて煮込んだ自家製デミグラスソースを使用

東京都台東区上野2-13-13 キクヤビル4F
03-3837-1617
11:30～21:45（LO21:00）
休 年末年始
交 各線上野駅より徒歩約4分

石出《いしで》 正浩《まさひろ》 シェフ

10代の頃から黒船亭初代料理長のもとで修業を積み20年以上にわたり洋食の腕を磨く。2013年4月より3代目総料理長に就任。

P46,P78

東京
人形町

芳味亭《ほうみてい》 人形町本店《にんぎょうちょうほんてん》

伝統のビーフスチューが大人気 創業90年を迎えた老舗洋食店

1933年の創業当時から、芸妓衆や歌舞伎役者、文豪など著名人に愛されてきた老舗。「本物の洋食の味を味わってほしい」という初代近藤重晴の想いを受け継ぎ、手間暇かけて煮込んだデミグラスソースを使ったビーフスチュー2640円が看板メニュー。煉瓦色の和モダンな店内は、伝統の味に舌鼓を打つ人々の笑顔でいつもにぎわっている。

1 レトロで落ち着いた雰囲気。個室完備で会食や接待、子ども連れもゆったり過ごせる 2 季節の食材を最大限に生かしたメニューが自慢

東京都中央区日本橋人形町2-3-4
☎ 03-3666-5687
営 11:00〜15:00、17:00〜22:00（LO21:00）、土・日曜・祝日11:00〜22:00（LO21:00）
休 12/31、1/1、臨時休業あり
交 各線人形町駅より徒歩約2分

渡辺《わたなべ》 大地《だいち》 シェフ

大手ホテルで修業を積んだのち、芳味亭のシェフに。「下町ならではの親しみやすい店で、本物の味をご堪能ください」。

P56

東京
麻布十番

グリル満天星《ぐりるまんてんぼし》 麻布十番本店《あざぶじゅうばんほんてん》

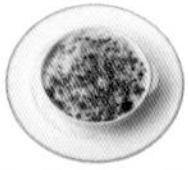

日本人好みの美味しさを手軽に 親しみ深い洋食レストラン

1988年創業。フランス料理の技法に忠実でありながら、みそなど和のテイストを取り入れて日本人に親しみやすくアレンジした上質な洋食を気軽に楽しめる。10日間かけて作るドゥミグラスソースがかかったオムレツライス1980円、海老フライなど約10種類の人気メニューから2種類選べるワンプレートミックス2200円も人気。

1 くつろげる雰囲気の中に歴史を感じさせる店内 2 ドゥミグラスを始めとするソースからドレッシングまで手作りにこだわっている

東京都港区麻布十番1-3-1 アポリアビル B1F
☎ 03-3582-4324
営 11:30〜15:30（LO15:00）、17:30〜22:00（LO21:00）、土・日曜・祝日11:30〜16:00（LO15:00）、17:00〜22:00（LO21:00）
休 月曜（祝日の場合は翌日休）
交 都営地下鉄大江戸線麻布十番駅より徒歩約5分

武藤《むとう》 雅之《まさゆき》 料理長

中東やアフリカでのケータリング調理、与論島のホテル立ち上げなど多彩な経歴を持つ。お客の笑顔のため、日々料理を探求している。

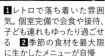

P6

大阪
なんば

北極星《ほっきょくせい》 心斎橋本店《しんさいばしほんてん》

外国人観光客も足繁く通う 100年続くオムライス発祥の店

1922年創業。パラパラに炒めたご飯をやわらかな薄焼き卵で包んだ昔ながらのオムライスで知られる老舗。定番のチキンオムライス1080円のほか、女性に大好評の明太マヨネーズをかけた明太とイカのオムライス1250円などバリエーションも豊富。大きめでサクサク食感の若鶏唐揚480円～などアラカルトも充実している。

1 料亭のような店内でオムライスを食べるというギャップが人気 2 シンプルだが火加減やスピードなど高度な技術と経験が求められる

大阪府大阪市中央区西心斎橋2-7-27
☎ 06-6211-7829
営 11:30～21:30（LO21:00）
休 12/31、1/1
交 大阪メトロ各線なんば駅より徒歩約5分

北極星産業株式会社
代表取締役 北橋《きたはし》 茂登志《しげとし》さん

東京の「上野精養軒」「紅花」などで修業したのち大阪に戻り、料理人として腕を振るう。1966年、2代目社長に就任。

P18,P38,P86

大阪
大阪天満宮

復刻西洋食堂《ふっこくせいようしょくどう》 紅梅ダイナー《こうばいだいなー》

初代の味を再現した 昔ながらの洋食を味わえる

大阪を代表するレストランの料理長などを務めた祖父が残したレシピをもとに、現オーナーシェフが研究を重ねて当時の味を再現。人気No.1のエビフライを作った数は150万本以上にのぼり、タルタルソースは12月より再販予定。行列のできる人気洋食店のシェフとして料理教室も開催している。天満橋のOAPにて40席ある2号店「Re:Diner」も営業。

1 パリの下町の食堂を思わせる温かみのある店内
2 手間のかかるエビフライの下ごしらえも、1本20秒足らずでこなすという熟練の技はさすが

大阪府大阪市北区紅梅町4-12
☎ 06-6358-4530
営 11:00～15:00、金・土曜11:00～15:00、18:00～23:00
※日～木曜のディナーは「食べ飲み放題Course」（予約制）のみ
休 日曜・祝日（「食べ飲み放題Course」予約時は営業）
交 JR東西線大阪天満宮駅より徒歩約5分

塩本《しおもと》 功太郎《こうたろう》オーナーシェフ

料理以外にも多岐にわたる職を経験した後、2012年「紅梅ダイナー」を開店。祖父から受け継いだ古き良き町洋食の味を守り続けている。

P28,P84

大阪
岸里玉出

新富士本店《しんふじほんてん》

住宅街にひっそりと佇む
肉料理が自慢の洋食店

　1964年創業。1本のロースから4枚分しか取れないという希少なリブロースに59年つぎ足しの自家製デミグラスソースをかけたポークチャップ1600円は、SNSで発信されたのをきっかけに今では店一番の人気メニューに。そのほか大エビフライ、ハンバーグ、トンカツなどを盛り込んだAセット1850円は、ボリューミーだが老若男女に人気。

1 くつろげる雰囲気のテーブル席のほか、奥に和室タイプの個室も　2 シェフ夫婦と、2人の息子の家族4人で店を切り盛りしている

大阪府大阪市西成区千本南2-3-5
☎ 06-6657-2121
🕘 11:00〜13:30(LO13:15)、
16:00〜18:30(LO18:15)
㊡ 水曜
㊋ 南海本線岸里玉出駅より徒歩約9分

宮本《みやもと》 速雄《はやお》 シェフ

大阪、神戸の洋食店での修業を経て24歳で独立。創業以来国産の食材を使用しており、マヨネーズなど調味料も自家製にこだわっている。

P30,P58,P80

大阪
心斎橋

御堂筋《みどうすじ》 ロッヂ《ろっぢ》

山小屋を思わせる雰囲気の
大人の隠れ家的レストラン

　長堀橋にあった人気店「洋食Katsui」の姉妹店として2011年にオープン。「大人が気軽に楽しめるレストラン」をコンセプトに上質でやさしい味わいの洋食を提供。看板メニューのハンバーグとエビフライが入った洋食弁当1600円(平日15食限定)は売り切れ必至。味はもちろん接客のクオリティも高く、何度も訪れたくなる店だ。

1 店内はゆったりとしたレイアウトで周りを気にせずゆっくりと食事が楽しめる　2 レトロかわいい看板も店の雰囲気を盛り上げる

大阪府大阪市中央区南船場4-3-11 大阪豊田ビルB1F
☎ 06-6251-5064
🕘 11:30〜15:00(LO14:30)、17:00〜22:30(LO21:30)、
日曜・祝日11:30〜15:00(LO14:30)、17:00〜21:30(LO20:30)
㊡ 月・火曜(祝日の場合は営業)
㊋ 大阪メトロ各線心斎橋駅より徒歩約3分

小森《こもり》 洋之《ひろゆき》 シェフ

多彩なジャンルの料理店での修業を経て、「御堂筋 ロッヂ」開店とともにシェフに就任。幅広い年齢層に喜ばれる料理作りを心掛けている。

P42,P44

大阪
北新地

西洋料理《せいようりょうり》 ネスパ《ねすぱ》 大阪駅前第3ビル店《おおさかえきまえだい3びるてん》

創業時から愛され続ける 名物料理・コロペット

1928年創業。タルタルソースやドレッシングまで手作りにこだわった洋食を100年近く提供している。船上シェフだった初代が考案し、商標登録もされているコロペットは週末には8割のお客が注文する「ネスパ」の代名詞的メニュー。4代目オリジナルのチキンライスにナポリタン、卵黄、デミグラスソースがのったナポリ1000円もおすすめ。

1 創業当時から使用のランプは今も現役。タイムスリップしたような気分に 2 平日は日替わりランチが600円! 1日60食作ることも珍しくない

大阪府大阪市北区梅田1-1-3 大阪駅前第3ビルB2F
06-6345-7089
11:00～15:00、17:30～21:30LO、
土・日曜・祝日11:00～15:00LO
休 不定休
交 JR東西線北新地駅より徒歩すぐ

横地《よこち》 勉《つとむ》 シェフ

大手レストラン、有名ラーメン店などに勤めた後、知人の紹介で4代目店主に。伝統の味を守りながら常に新しいメニューを考案している。

P60,P82

大阪
谷町四丁目

洋食屋《ようしょくや》 ふじ家《ふじや》

ビジネスマンの胃袋を支える ミシュラン獲得の老舗

家族4代にわたり営業。1935年の創業から一度閉店するも、再開を望む声の多さから復活。今ではミシュランビブグルマンも獲得した名店として、地域密着&ビジネスマンの胃袋を支える町の洋食店として愛されている。ランチは日替わり定食を中心に、夜は近江牛を使ったアラカルトやコース料理のほか、旬の食材を使った逸品を提供する。

1 古民家を改装した店内。テーブル席や個室もある落ち着いた空間 2 創業当時の写真が飾られており、店の歴史がうかがえる

大阪府大阪市中央区鎗屋町2-2-1
06-6941-7283
11:30～14:00、18:00～21:00
休 日曜・祝日、第1月曜
交 大阪メトロ各線谷町四丁目駅より徒歩約5分

林《はやし》 一義《かずよし》 シェフ

ホテルなど各地で修業を積んだのち、4代目として今の店を支える。王道の洋食はもちろん、肉好きが唸るメニューも考案。

P64

神奈川
桜木町

Deli&Bar《でりあんどばー》 横浜ブギ《よこはまぶぎ》

野菜の旨味を引き出した ナポリタンが絶品！

横浜の馬車道エリアで数回の移転を経て、2021年より現在の場所で営業中。看板メニューの横浜ベジナポ900円はナポリタンの全国大会でも入賞した自慢の一品だ。夜はワインやハイボールを飲みながらゆっくりナポリタンを味わうこともできる。ひき肉をたっぷり使用したミートソース900円もおさえておきたいメニューだ。

1アンティークなイスが特徴的な店内は貸し切りも可能 2ランチタイムはナポリタンのほか、カレーなども提供している

神奈川県横浜市中区住吉町6-77 横浜福島ビル1F
045-264-8477
11:30～14:30（LO14:00）、17:00～23:00（LO22:00）、土曜17:00～23:00（LO22:00）
休 日曜
交 各線桜木町駅より徒歩約4分

金《きん》 良幸《よしゆき》 シェフ

フランス料理店で修業後、野菜の卸売関連の仕事に携わり「Deli&Bar 横浜ブギ」の店主に。野菜の美味しさを引き立てる料理に定評がある。

P68

兵庫
新長田

洋食《ようしょく》 ジャンボ《じゃんぼ》

下町ならではの価格も魅力 毎日でも通いたい洋食店

地元で40年以上続く人気喫茶店から洋食に特化した店をと、2019年にオープン。肉や野菜といった食材はもちろん、ドレッシングやマヨネーズまで自家製にするなど細部までこだわりが光る。全国各地で修業を積んだオーナーとシェフは実は兄弟。息の合ったチームプレイで、毎日行列ができる繁盛店を切り盛りしている。

1客船をイメージしたシックな店内。大きな窓からは明るい日差しも 2料理は弟の侃シェフとともに。素早い調理で人気店ながら回転は早い

兵庫県神戸市長田区大橋町5-3-1 アスタプラザイースト2F
078-611-5220
11:00～15:00（LO14:30）、17:00～20:30（LO20:00）、月･水･金曜11:00～15:00（LO14:30）
休 日曜
交 各線新長田駅より徒歩約3分

宮本《みやもと》 隆平《りゅうへい》 オーナー

洋食店だけでなく、イタリアンやフレンチなどで経験を積み、弟の侃シェフとともに、すべての技術を洋食に注ぎ込んだメニューを展開中。

名店の味をご自宅で！

全国お取り寄せ
洋 食

食べ慣れた味もいいけれど、遠いあの町の洋食も気になる……

そんな時はお取り寄せに挑戦してみては？

肉汁たっぷりのハンバーグから、手間暇かけた贅沢スープまで

全国各地のお取り寄せ洋食をピックアップ！

神奈川

洋食キムラ《ようしょくきむら》 野毛店《のげてん》

ハンバーグ 1550円（180g）

ハマの老舗の代名詞
愛され続ける有名店の味

1938年創業の洋食店。名物のハンバーグは、玉ねぎや数種類の香辛料を混ぜたパン粉、ひき肉を使った生地を揚げ焼きし、ひと晩寝かせて味をなじませている。付属のソースは、オムレツやカレーの隠し味にも活用できる。

1半熟卵を添えて、崩しながら味変するのも◎　2ハンバーグとソースを一緒に煮込めば店の味に

電話、FAX、インターネットにて注文受付
045-231-8706
（FAX045-242-7721）

東京

ミート矢澤《みーとやざわ》

黒毛和牛100% フレッシュハンバーグ 5800円（4食セット）

1調理するとパンパンに膨れ上がったハンバーグに
2フライパンで10分ほど蒸し焼きにしたら完成

美しいフォルムからあふれる
肉汁のナイアガラ！

独自の厳しい基準と熟練の職人が吟味した黒毛和牛のウデやスネに、甘みのあるサーロイン等を絶妙なバランスで配合したハンバーグは、均整の取れた美しい仕上がり。肉々しくジューシーなハンバーグを、旨味引き出す和風しょう油のオリジナルソースで堪能あれ。

電話、FAX、インターネットにて注文受付
03-5793-5929
（FAX03-5793-5939）

兵庫

伊藤グリル《いとうぐりる》

ビーフハンバーグ 1512円（冷凍 1個200g）

1神戸ビーフの美味しさを実感できる洋食メニュー
2解凍後、湯せんで8〜10分ゆっくり温めてどうぞ

デミグラスのコクと肉感豊かな
老舗洋食店の名物ハンバーグ

欧州での豊かな経験を持つオーナーが、1923年に創業した神戸元町の洋食店。自慢のビーフハンバーグは、適度に脂を残すことで肉汁があふれ出す。デミグラスソースでじっくり煮込んだ深みのある味わいは、幅広い年齢層に愛されている。

インターネットにて注文受付
078-331-2818

※商品代金のほか、別途送料等がかかる場合があります。

京都　キャピタル東洋亭《きゃぴたるとうようてい》 本店《ほんてん》

ハンバーグステーキ 1食分 900円(180g)

1アルミホイルを使った焼き方は公式サイトでチェック!
2冷蔵庫でひと晩解凍後、油をひかずに焼くのがおすすめ

京都で120年以上続く名店の味をそのままに

1897年に京都で創業。ハンバーグには、牛肉7:豚肉3の手ごね粗びきミンチ肉と、栄養価の高い京都の葉酸玉子を使用。丁寧に焼き上げて付属の特製ビーフシチューソースをかければ、具材の旨味が味わえる。付け合わせは、じゃがいもがおすすめ。

電話、インターネットにて注文受付
075-705-2323
https://touyoutei.com/

富山　洋食だんらんや《ようしょくだんらんや》 山室本店《やまむろほんてん》

網焼きハンバーグ 4100円(冷凍 150g×6個)

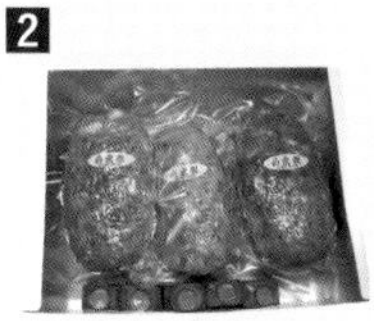

1ステーキ部位だけで作った牛肉100%の贅沢ハンバーグ
2鮮度にこだわり、急速冷凍後即真空パックに

肉の旨味と食感を生かした極上ハンバーグに舌鼓

3年の月日をかけて完成した牛肉100%のハンバーグには、地元の氷見牛と安心安全のオージービーフを使用。10種類以上の調味料とスパイスを独自配合し、注文から1つひとつ手作り手ごねの完全自家製にこだわっている。

インターネットにて注文受付
076-492-8861

宮城　レストラン《れすとらん》 HACHI《はち》

黄金比率ハンバーグ 3240円(140g×4個)

創業から受け継ぐ黄金比率 旨味あふれる飛び出す肉汁

1979年の創業以来、地元で愛される洋食レストランHACHIのハンバーグ。牛肉7:豚肉3、たっぷりの卵と独特のスパイス。旨味たっぷりの肉汁が飛び出す伝統の黄金比率ハンバーグを家庭でも手軽に楽しめる。2013年ナポリタンスタジアムで日本一になったナポリタンも人気。

公式サイトにて注文受付
※送料無料
022-796-0280

1パテに小さな穴が空いている事で簡単に焼ける
2しっかりとした味つけでシンプルなソースが◎

寄せ洋食

東京

銀座《ぎんざ》 三笠会館《みかさかいかん》

クリームシチュー 3200円(4食セット)

鶏と野菜の旨味をギュッと凝縮 何度も食べたいやさしい味わい

大きめにカットしたにんじんと、丸ごとペコロス、ひと口サイズの国産鶏など、具材1つひとつの存在感を楽しめる。乳脂肪分47%の濃厚生クリームを使ったホワイトソースも魅力で、寒さが増す季節にはチキンポットパイや、ご飯にかけてオーブンで焼けばドリア風にもアレンジできる。

電話、インターネットにて注文受付
0120-5517-01
(フリーダイヤル)

特製ルウとチキンの旨味を最大限に生かした贅沢シチューは大人から子どもまで楽しめるやさしい味

新潟

ピーア軒《ぴーあけん》

海老ときのこのドリア 700円(360g)

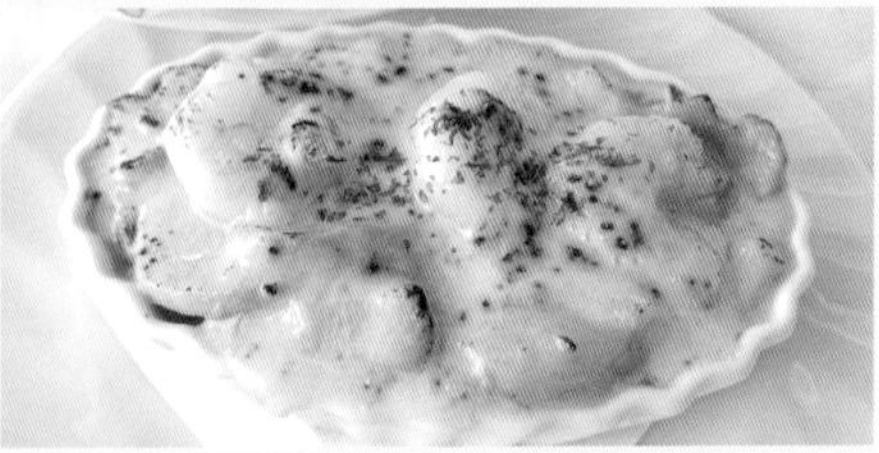

存在感のあるエビが入っているので食べ応え十分、トースターで焼き色をつけて香ばしさアップ!

100年以上続く歴史ある味わい 新潟洋食界自慢のドリア

3種類の新潟県産きのことコシヒカリを使用した老舗のドリア。ソースは、大正時代から変わらないチキングラタンソースをケチャップライスと合わせた昔懐かしい味。ほかにも、ずわい蟹やホタテと明太子を使ったドリアも。

電話、FAX、インターネットにて注文受付
025-266-1661
(FAX025-267-9650)

和歌山

レストランフライヤ

厚切り牛タンシチュー 1566円(200g)

1 パンやパスタ、ワインとも相性抜群
2 湯せんでじっくり温めると店に近い状態で楽しめる

時代を超えて愛される 口溶けの良い厚切り牛タン

1933年創業の老舗洋食店。肉質がやわらかく味わい深い米国産の特上タンを、創業当時から変わらない特製ドビソースでじっくり煮込んだ逸品。牛タンのとろける食感と、コク深く繊細な旨味が融合した伝統の味をご賞味あれ。

インターネットにて注文受付
https://www.shop.friya.co.jp/

※商品代金のほか、別途送料等がかかる場合があります。

大阪 北極星《ほっきょくせい》

北極星特製オムライスソース 350円(200g)

大正から受け継がれる
あっさりとした味わいの王道ソース

1いつものオムライスがワンランクアップ！
2常温保存可能なレトルト商品なので便利

　オムライス発祥店のオリジナルソース。酸味を抑えたトマトを使用し、野菜の旨味も溶け込んだソースは、オムライスはもちろん、パスタや煮込み料理などさまざまな料理に活用できる。自宅の食卓が豊かになること間違いなし！

インターネットにて注文受付
☎ 06-6632-1591

兵庫 洋食《ようしょく》 ジャンボ《じゃんぼ》

豚ヒレ肉のカツレツ&秘伝のデミグラスソース 1570円(各1セット)

やわらかジューシーなカツレツを
秘伝のソースで召しあがれ

1カツレツは大根おろしやポン酢もおすすめ　2デミグラスソースは先代から受け継がれた味

　カツレツには、秘伝のマスタードで旨味を閉じ込めた上質な豚ヒレ肉を使用。口に入れた瞬間に広がる芳醇な香りと、あふれ出る肉汁が特徴だ。牛、鶏ガラ、果物などのフォンドボーをベースに作られた秘伝のデミグラスソースと合わせて楽しもう。

電話、メール、インターネットにて注文受付
☎ 078-575-3699
contact@jumbo-kobe.com

兵庫 グリル一平《ぐりるいっぺい》

冷凍和牛ビーフシチュー 6480円(285g×2個セット)

とろける肉と広がる幸福感
創業時から続くクラシカルな味

　神戸の下町で70年以上親しまれる洋食店のビーフシチュー。黒毛和牛の前バラ肉を2日かけて調理し、独自の調理方法でとろとろに。糖質の高い淡路島産玉ねぎを使用し、甘さとコクをプラスした老舗の一皿。上質な肉とじっくり煮込んだデミグラスソースのプレミアムな旨さを心ゆくまで味わおう。

インターネットにて注文受付
☎ 078-855-7369

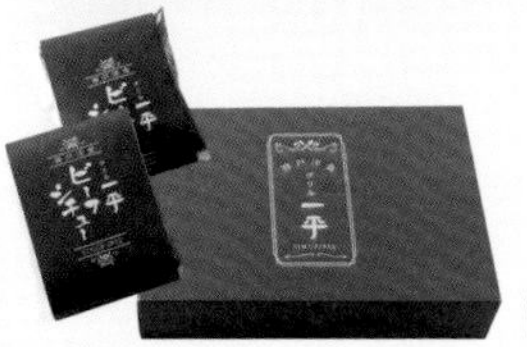

1ポテトや温野菜を添えると彩り豊かな一皿に
2高級感のあるパッケージでギフトにもぴったり

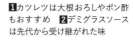

寄せ洋食

上野精養軒《うえのせいようけん》

ビーフハヤシソース 864円(冷凍 200g)

明治の香りを今に伝える名店
食べた瞬間思わず唸る確かな味

上野で1876年に開業した西洋料理店。長年受け継がれてきたレシピを元に作られるソースは、約1週間かけてじっくりと煮込み、コクのある深い味わいが引き立つ逸品。とろとろな肉厚ビーフが入った伝統のビーフシチュー1728円もお取り寄せ可能。

インターネットにて注文受付
☎ 03-3821-2181

1沸騰したお湯で6〜7分間温めるのがベスト　2ラザニアや煮込みなどにアレンジしてみよう!

時代遅れの洋食屋《じだいおくれのようしょくや》 おきな堂《おきなどう》

洋食屋の昔懐かしいハヤシソース 1188円(200g)

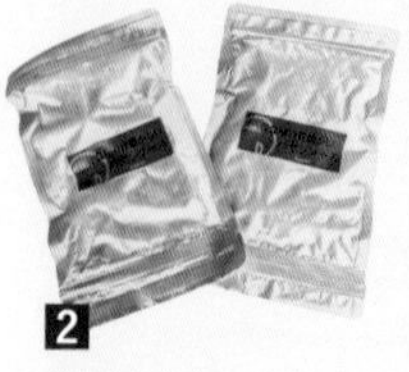

1ソースはシェフが改良を重ね作り出された味
2オムライスやハンバーグソースにもアレンジ可能

信州野菜と肉にこだわり
素材を生かした絶品ソース

1933年創業、松本市にある洋食店のハヤシソース。独特の旨味と苦みが見事なバランスのソースは仕込みに1週間をかけ、具材は国産牛のバラ肉と長野産の玉ねぎのみを使用。シンプルな素材で作られた本格派のソースを楽しもう。

インターネットにて注文受付
☎ 0263-32-0975

銀座スイス《ぎんざすいす》

洋食屋のカレーソース 1512円(200g×2食セット)

1じっくり煮込んで旨味が凝縮されたソース
2赤と白のパッケージは銀座スイスの代名詞

甘さと秘めた辛さが調和する
カツカレー発祥店のソース

70年以上続く昔ながらの洋食店。玉ねぎ、にんじん、りんごなどを擦りおろし、豚ひき肉とともに、じっくり煮込んだカレーソースはスパイシーな味わいでカツレツにもベストマッチ。ライスはもちろん、パスタやグラタンにも使える万能な一品だ。

インターネットにて注文受付
☎ 03-3563-3206

※商品代金のほか、別途送料等がかかる場合があります。

全国 ロイヤルデリオンラインストア

オニオングラタンスープセット 1240円(2人前)

1朝食やブランチにもぴったり！ 2冷凍庫にストックしやすいスリムサイズもうれしい

ロイヤルの味を簡単調理で楽しめる

牛肉と香味野菜をじっくり煮込んで作る自家製コンソメとあめ色のソテーオニオンを合わせたスープは、心も身体も満たされるやさしい味わい。湯煎したスープに付属のクルトンとチーズをのせてオーブントースターで加熱すれば、あっという間に完成！

電話、インターネットにて注文受付

0120-196-303

北海道 泉屋《いずみや》 ソロ鳥取店《そろとっとりてん》

泉屋釧路スパカツ ミートソース 702円(160g)

1 2アツアツの鉄皿にスパゲティ、トンカツ、ミートソースをのせれば釧路の味を再現できる

道東が生んだソウルフード 釧路スパカツを自宅で！

ミートソースとカツレツを組み合わせた釧路発祥のスパゲティ「スパカツ」。スパカツの元祖・泉屋監修のミートソースは、北海道産の豚・牛肉に加え、玉ねぎの甘み、デミグラスソースのコクが魅力。釧路で生まれたご当地グルメを自宅でどうぞ。

電話、公式サイトにて注文受付

0154-52-1583

東京 資生堂パーラー《しせいどうぱーらー》 銀座本店ショップ《ぎんざほんてんしょっぷ》

コンソメスープ 756円(160g)

琥珀色の輝きが芸術的な 老舗の贅沢スープ

昭和初期から代々受け継がれる伝統のコンソメスープ。歴代シェフの伝統製法から生まれた味わい深いスープは、牛肉・鶏ガラ・玉ねぎ・にんじんを長時間じっくり煮込み、丁寧に濾し、手間暇かけた極上の一品。ひと口含んだ瞬間五臓六腑に染み渡る、滋味深い味わいをぜひ。

電話、インターネットにて注文受付

03-3572-2147

1さまざまな料理を引き立てる黄金のスープ 2家庭では再現するのが難しい特別な味

大人だって食べたい！

魅惑のお子様ランチ

エビフライ、ナポリタン、ハンバーグ……。子どもの好きな洋食を
ぎゅっと盛り合わせた、誰もが一度は憧れる“お子様ランチ”。
その始まりは、老舗百貨店の食堂だった。

［東京・三越前］

特別食堂《とくべつしょくどう》 日本橋《にほんばし》

お子さまランチプレート 2970円

東京會舘の料理人らが腕を振るう本格的な味わい。子どもが喜びそうな皿、富士山をイメージしたライスの旗など、昔からコンセプトは変わらない。

洋食文化に繋がる百貨店食堂の存在

大正時代にはライスカレーやコロッケが流行し、家庭用の洋食のレシピ本が出版されるなど、一般にも洋食文化が広まっていた。その背景で、さらに多くの人が洋食と繋がるきっかけになったのが、続々とオープンした百貨店食堂だ。デパートにできた大食堂は、家族の外出の後押しにもなり、市民から愛される場所になった。1934年に誕生した日本橋三越本店の特別食堂は、現在では国の重要文化財にもなっている本館内にある。アール・デコの装飾が品格を感じさせる店内で、三越の買い物客のほか、皇族の方々をはじめ、要人たちの社交の場としても利用されてきた。

1934(昭和9)年に開設した「特別食堂」
©2023 Isetan Mitsukoshi Holdings Ltd.

お客様の顔や食事の好みを覚えるなど、接客もきめ細やか

お子様ランチの元祖 御子様洋食の誕生

1930年には、〝お子様ランチ〟の発祥とされる「御子様洋食」が誕生。当時の食堂の主任だった安藤太郎氏が、世界恐慌の影響で暗い世の中だったので、子どもたちを喜ばせたいという想いから、子どもの好きな料理を合わせた一皿をつくったのが始まり。色々な洋食を盛り合わせて出すというスタイルが斬新で、瞬く間に人気が広まったのだとか。お子様ランチのシンボルとも言えるライスに立てた旗は、安藤氏の趣味が登山だったことから、山頂に登頂の旗を差すことをイメージしたもの。

世代を超えて愛される、思い出の外食

数々の逸話とともに受け継がれてきた元祖・お子様ランチは、誕生から100年近くもの間、時代に合わせて料理やスタイルを変えながらも、世代を超えて親しまれてきた。家族でゆっくり食事ができる場所として選ばれることも多く、常連客の中には、子どもの頃から来ていたり、4代にわたるお客も。「ご家族の歴史を積み重ねる思い出の場所として、ふれあいの場として、変わらずにあり続けることを使命に感じております」とセールスマネージャーの明内さんは話す。

東京都中央区日本橋室町1-4-1
日本橋三越本店 本館7F
☎ 03-3274-8495 ⏰ 11:00～19:00（LO18:00） ㊡ 不定休（日本橋三越本店に準ずる） ㊫ 東京メトロ各線三越前駅より徒歩すぐ

王道メニューが一度に楽しめて
ワクワク感MAX

大人のお子様ランチ 2178円
オムライスのご飯は長芋、小松菜など5種類以上の野菜入り。ヘルシーで歯応えのよさも魅力

［大阪・昭和町］
洋食 ふきのとう
ようしょく ふきのとう

色々なメニューを少しずつ食べたいというお客の要望から誕生した「大人のお子様ランチ」。濃厚でコクのある「こだわり家族のこだわり卵」を贅沢に使用したオムライス、牛肉100%のハンバーグ、冷めてもサクサクのエビフライ、春はいちご、秋はいちじくなど季節のフルーツが入ったサラダと、目でも舌でも満足できる一皿だ。

大阪府大阪市阿倍野区阪南町1-47-23
06-6628-8502
11:30 ～ 14:30（LO14:00）、
土・日曜・祝日11:00 ～ 16:00（LO15:00）
休 火・水曜（祝日の場合は営業）
交 大阪メトロ御堂筋線昭和町駅より徒歩すぐ

1 ファミリー、カップルはもちろん、おひとり様でも入りやすいアットホームな雰囲気 **2** オレンジ色に輝くとろとろオムライス、ジューシーなハンバーグを求めて遠方からの来店も多数

［東京・広尾］
麻布笄軒 広尾本店
あさぶこうがいけん ひろおほんてん

洋食40年の経験を持つ料理長が考案した洋食プレート。提供開始から間もないが、すでに人気メニューとして定着している。食材は国産にこだわり、オムライスには黄身と白身の濃さが特長的な青森県産卵を使用。オープンから約10年、今では近隣住民も集う店に。とろとろ卵の中にナポリタンが入ったオムリターノ1500円にも注目したい。

創意工夫を凝らした料理の数々で
世代を問わず愛される一皿

洋食屋さんのドリームプレート 2700円
オムライス、ハンバーグ、有頭エビフライを盛り合わせた、特別な日に食べたい夢の贅沢ランチ

1 アンティーク調の店内は、どこか懐かしさが漂う空間 **2** 店名の由来は周辺がかつて「笄《こうがい》」地区と呼ばれていたため

東京都港区西麻布4-6-5 協立興産西麻布ビル1F
03-3486-0118
11:30～15:00（LO14:30）、
17:30～22:00（LO21:00）
休 水曜
交 東京メトロ日比谷線広尾駅より徒歩約5分

［東京・浅草］

浅草聚楽《あさくさじゅらく》

1924年創業の大衆向け洋食店「須田町食堂」が始まり。看板メニューの「大人のお子様ランチ」は、昔から愛される定番の洋食メニューを盛り合わせた、ボリューム満点のワンプレート。当時は高級だったお子様ランチに憧れながらも食べられなかった世代に向けて、懐かしさを感じながら食べてもらいたいと考案されたのだとか。

元祖ファミレスでいただく
大人のためのお子様ランチ

大人のお子様ランチ
2178円
丁寧に作られる牛肉100%のハンバーグ、エビフライ、オムライス、ナポリタンにサラダ付き

東京都台東区浅草1-23-9
☎ 03-3841-5025
🕘 11:30〜20:00、
土・日曜11:00〜20:00
㊡ 無休
㊫ 各線浅草駅より徒歩約5分

2

1

1 100席を超える広々とした店内で、洋食、和食、中華とバラエティに富んだメニューを楽しめる **2**浅草の新仲見世通り沿いにある、昔懐かしい雰囲気のファミリーレストラン

［東京・日本橋］

帝国ホテル［特別食堂］《ていこくほてる とくべつしょくどう》

130年以上の歴史を持ち、世界中のゲストをもてなしてきた帝国ホテルの料理がいただけるのは、開業50年を超える日本橋髙島屋S.C.の特別食堂だ。優雅で落ち着いた空間で、フランス料理のシェフが季節の食材を生かして丁寧に仕上げるお子様プレートは大人のファンも多数。濃厚なソースに甘みをつけて仕上げるミートボールはこだわりの一品。

老舗ホテルの料理人が手がける
本格的な味わい

お子様プレート
1936円
子どもがよろこぶエビフライや、チキンライス、ミートボールなど。濃厚なクリームコーンスープも美味

1特別食堂では、帝国ホテルのほか、本格日本料理「大和屋三玄」、うなぎの名店「五代目野田岩」の老舗3店の料理を楽しめる **2**週末は子ども連れの家族も多く利用する

2

1

東京都中央区日本橋2-4-1
日本橋髙島屋S.C.本館8F
☎ 03-3246-5009
🕘 11:00〜20:00（LO19:00）
㊡ 不定休（日本橋髙島屋S.C.に準ずる）
㊫ 東京メトロ各線日本橋駅より徒歩すぐ

煉瓦亭
GINZA
open
CASH ONLY
営業中
洋食
煉瓦亭

100年続く名店の味

明治・大正・昭和・平成・令和……流行に流されることなく、受け継がれてきた伝統の味。

100年以上愛され続ける老舗洋食店で、店主の笑顔と特別な一皿に出合う。

東京　銀座

煉瓦亭《れんがてい》

1895年創業

銀座の一等地に店舗を構えながらも肩肘を張らず気軽に洋食が楽しめる名店。日本の洋食店第一号として１８９５年より変わらずこの地で営業し続けている。創業当初はフランス料理店だったが、１８９９年から洋食の代名詞となる料理を数多く提供。時代とともにメニューも増加し、日本ならではの洋食を確立していった。

現在の看板メニューのひとつであるポークカツレツは、創業時に提供していた仔牛肉のカツレツ「ビールコートレット」をヒントにして作られたメニューだ。フライ料理には当時幅広く日本人に食されていた天ぷらの技法を応用し、深鍋と油切れのよい生パン粉を使用。現在もその作り方を受け継いでいる。

明治誕生
オムライス
2700円

とろとろの卵に包まれた
和風の味付けのご飯が
どこか懐かしい味

「既存の調理方法にとらわれることなく、日本の人が食べやすい味付けの洋食メニューを開発することでより多くのお客様に親しんでもらえるようになりました。時代に合わせてメニューも少しずつ変化していますが、店内の雰囲気は変わらないので昔を懐かしんでくださる常連さんも多いですね」と教えてくれた4代目店主の木田浩一朗さん。ポークカツレツだけでなく、カキフライ、オムライス、ハヤシライスといった洋食もすべて煉瓦亭が発祥と言われているから驚きだ。日本元祖の洋食は今日もなお人々を魅了し続けている。

東京都中央区銀座3-5-16
03-3561-3882
11:15〜15:00(LO14:00)、
17:30〜21:00(LO20:00)
休 日曜
交 東京メトロ各線銀座駅より徒歩約3分

1エビフライ3500円は衣のサクッとした食感とふっくらとしたエビの甘さを口の中で一度に楽しむことができる至極の一品　2あたたかい笑顔で出迎えてくれる店主の木田さん。店頭のアンティークなレジは1964年から使用している　3壁にはかつて銀座煉瓦街で使用されていた煉瓦が使われている　4 2階には木のぬくもりあふれる落ち着いた空間が広がっている　5元祖ポークカツレツ2800円。揚げ物に千切りキャベツを添えるスタイルも煉瓦亭が元祖といわれている

「洋食は新しい日本食のひとつだと考えています」

東京 大森海岸
洋食《ようしょく》 入舟《いりふね》

1924年創業

かつて東京の代表的な花街だった大森海岸。駅前は花柳界のメインストリートとして栄え、多くの芸妓置屋や料亭、待合茶屋が広がっていた。洋食 入舟はお座敷の洋食店として１９２４年に創業。「今はほとんどマンションになり、うちのお店が花街の時代から残る最後の１軒になってしまいましたね」と4代目の松尾信彦さんは話す。店内に入り赤絨毯敷きの階段で2階に上がると、格式高い旅館のような趣深い座敷が7間広がっている。「１９５０年から今の場所で営業しています。その後増築を重ねましたが、雰囲気は当時からほぼ変わっていません」。

メニューも創業時からほとんど変わらないが、松尾さんが店を継

天使の海老
海老フライ
1480円

細びきのパン粉を使用。外はカリッと、中はふかふかの食感に舌鼓

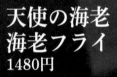

いでからはレシピや食材を一新。エビフライも以前までは長年ブラックタイガーを使用していたが、最高品質のニューカレドニア産・天使の海老という種類に変更。美味しい食材を気軽に楽しんでもらいたという思いから価格は据え置き。積極的に新しさを取り入れる松尾さんの想いも感じとることができる。

「最近はクリームソーダも始めました。レトロブームで来店する若いお客さんに好評なんですよ」と松尾さんは笑う。大切に残してきた空間でいただくごちそうは、若い世代の心も鷲掴みにしている。

東京都品川区南大井3-18-5
☎ 03-3761-5891
🕘 11:30～14:00（LO13:30）、
17:00～21:00（LO20:30）
㊡ 日曜
㊯ 京急本線大森海岸駅より徒歩約4分

「古き良き伝統を継承しながらも新しいことに挑戦したいです」

4

1 店舗1階にはカジュアルなテーブル席も設けられている　2 オムライス880円。やさしい味わいのケチャップライスはほっこりする美味しさだ　3 2階の座敷は予約制。椅子席と座卓の個室が設けられている　4 入舟ランチA1260円はクリームコロッケ、ロールキャベツ、魚フライがワンプレートに盛り付けられている　5「お客さんからのリクエストにはなるべくたくさん応えたいと思っています」。店主の松尾さんのやさしい人柄も店の大きな魅力だ

5

1

2

3

東京 神保町

ランチョン

1909年創業

日本一の古書街と知られる神田神保町で1909年から営業。創業時は周辺に出版社や大学が多く街全体がハイカラな雰囲気に包まれていた。当時はまだ生ビールを楽しめる店は少なく、新しいものが好きなお客が集い、生ビールを片手に洋食を楽しんでいたそうだ。

「昔は近くにアサヒビールの工場があったので直接仕入れを行い、抜群の鮮度で生ビールを提供していたそうです。創業時は銘柄も1種類のみでしたが、現在は5種類を提供しています」と4代目店主の鈴木寛さん。人気のビールはアサヒの生、通称マルエフ。創業以来ビールを注ぐことができるのは原則店主のみだ。

自慢 メンチカツ

1200円

食べ応え抜群の一品。深みのあるソースをたっぷりつけていただく

食事の看板メニューはメンチカツ。サクサクの衣とジューシーな肉汁に生ビールがすすむ一品だ。卵料理もランチョン自慢のメニューのひとつ。洋食の定番オムライスや、ふんわりとろとろ食感の卵にベシャメルソースを合わせたオムレツを注文するお客も多い。「ビーフシチューやエビフライなどの洋食メニューが豊富なので食事のみの利用も大歓迎です。みなさんお気に入りの料理と好きな銘柄のビールを注文していますよ。ビールに合う一品料理もあります」。こだわりの洋食とともに、特製のグラスでビールをいただく瞬間はまさに至福のひと時に違いない。

東京都千代田区神田神保町1-6
☎ 03-3233-0866
🕘 11:30〜21:30（LO21:00）、
土曜11:30〜20:30（LO20:00）
㊡ 日曜・祝日
㊫ 各線神保町駅より徒歩すぐ

「昔ながらの洋食も生ビールもここにしかない美味しさです」

4

1その日の気候や気温に合わせ、最適な温度に調節した美味しいビールを提供している　2店内は全110席。窓側の席からは古書街が一望できる　3スパゲッティーナポリタン1100円はビールのシメとして複数人でシェアして食べる人も多い　42階の店舗入口に続くらせんの階段には歴代店舗の写真が飾られている　5ハンバーグ1250円はとろとろの黄身を絡めながらいただくのがおすすめだ

1

5

3

2

大阪 なんば

自由軒《じゆうけん》難波本店《なんばほんてん》

1910年創業

1910年、大阪初の西洋料理店として創業して以来この地で店を構える「自由軒」。当時、ご飯を保温できる設備がなく熱々のカレーを提供することが難しかった。そこで創業者がご飯とカレーを混ぜ合わせた「混ぜカレー」、現在の「名物カレー」を考案し、たちまち人気メニューとなった。具材はカレーそのものの風味や味わいが楽しめるように牛肉と玉ねぎのみ。生卵がのっているが「滋養のある卵でお客様に栄養をつけて欲しいと、祖父が考えついたんですよ」と語る吉田純子さんは2代目店主の娘。20歳から店に立ち、名物女将として今も元気に店を切り盛りしている。

名物カレー
800円
そのまま、生卵を混ぜて、ソースをかけてと3段階の食べ方が楽しめる

海外メディアに取り上げられるほどの知名度を誇るが、支店は大阪・天保山のみ。どんなに望まれても本店の目の届かない場所に出店はしない。「創業当時の味を守るため、という父の意向です」と女将。10年ほど前にトンカツやサーロインステーキに「ミニ名物カレー」が付いたセットが登場。名物カレーはマストで食べたいが、他のメニューも気になる……と迷うお客の反応を見てメニューに盛り込んだという。美味しくて満足度の高い料理を提供したい。その想いは名物カレーの誕生から今までしっかりと受け継がれている。

大阪府大阪市中央区難波3-1-34
☎ 06-6631-5564
🕘 11:00 ～ 19:45LO
㊡ 月曜（祝日の場合は翌日）
交 大阪メトロ各線なんば駅より徒歩約3分

「カレーはやっぱり熱々でないと。そんな想いから生まれました」

1

4

1 エビフライ、エビクリームコロッケなどを盛り合わせたBセット1300円。添えられたソースが揚げ物によって違うのが心憎い　2「名物カレー 自由軒」の看板が存在感たっぷり　3 店内には常連だった『夫婦善哉』の作者・織田作之助の写真が飾られている　4「いつ食べても変わらない味を提供することが大切だと思っています」と若女将の純子さん　5 フライパンで1食分ずつ調理するチキンライス730円。「これぞチキンライス！」という感動の味わい

2

5

3

ロイヤルホストに聞いた!

洋食を気軽に楽しむファミレス文化

家族で出かけて食事を楽しめる場所として、1970年代から老若男女に愛されてきたファミリーレストラン。その先駆けとなった「ロイヤルホスト」は、フランス料理店から始まった。

ロイヤルのオニオングラタンスープ　495円
長時間炒める玉ねぎが美味しさの決め手。自社工場でじっくり煮込んだスープに、店でクルトンとチーズをのせて焼き上げる

コスモドリア　968円
エビと鶏肉と栗が入った、クリーミーで濃厚な味わい。店内で炊き上げるバターライスに、具材とソースをのせて焼き上げる

ちいさなビーフシチュー　858円
牛肉と野菜をソテーして、赤ワインとブイヨンでコトコト煮込んだ料理。やわらかい肉とコク深いシチューが美味

※一部店舗は価格が異なります

今では全国に約220店を展開する、ファミリーレストランの草分け的存在の「ロイヤルホスト」。ロイヤルフードサービス(株)代表の生田直己さんに、その歴史とこだわりを伺った。

撮影協力:ロイヤルホスト桜新町店

ロイヤルホストの前身 フランス料理店「ロイヤル」の誕生

「ロイヤルグループの創業は1951年。米軍基地のコックの見習いとして働き始め、機内食と空港内食堂で事業を始めた創業者の江頭匡一が、さまざまな飲食事業を展開するなかで、1953年に福岡初のフランス料理店として『ロイヤル』を出店しました」

ロイヤル中洲本店 外観

1971年にオープンした
ロイヤルホスト1号店

ファミレスの先駆けである「ロイヤルホスト」がオープン

「『ロイヤル』は、本格的なフランス料理店として著名人の間でも知られるようになり、マリリン・モンローが新婚旅行で来日した際に訪れ、オニオングラタンスープをとても気に入ったという逸話も残っています。その後、一般の方が気軽に立ち寄ることができる店舗を構想するなかで、ファミリーレストランのスタイルに行き着きました。福岡の北九州市に『ロイヤルホスト』の第一号店がオープンしたのは1971年。車に乗って家族で食事に行くという文化が定着しつつあった時代で、地域に家族で集まれて、洋食が食べられる個人経営のレストランはすでにありました。それがチェーン化して急激に広がったのが1970年代から80年代。当時、私は小学生でしたが『ファミリーレストラン』という言葉も耳にしていました」

看板メニューの美味しさのひみつとは？

『コスモドリア』『オニオングラタンスープ』『ビーフシチュー』は、いずれも創業当初からあるメニュー。器やサイズなどは時代ごとに見直していますが、長年培ってきた伝統の味を受け継いでいます。チェーン店であるがゆえ、味の均一化がひとつの課題となりますが、例えば、レーンに乗せたら一定時間でハンバーグが焼き上がるコンベアーオーブンや、焦げすぎないように自動で揚がるフライなど、安定して質のいいものを提供できるよう、調理設備を開発研究しています。一方で、お店で必ず最後のひと手間を加えてお出しする、というのもロイヤルのこだわりです」

ロイヤルフードサービス代表取締役社長 生田直己さん

創業50年を超えて愛され続けるために

「『ロイヤルホスト』は、3世代でいらっしゃる方も多く、家族みんなで利用していただけるレストランです。家族でも来るし、お母さんはママ友と、お父さんはビジネスランチ、お子さんは友達同士で。さまざまなシーンで使い分けていただくなかで、変わらずに愛され続けるために、それぞれの期待にしっかりと応えていきたいと考えております」

料理がもっと楽しくなる！

キッチンツールカタログ

せっかく料理をするなら、キッチンツールにもこだわりたいところ。調理に欠かせないフライパンから鍋、時短につながる便利アイテムまでバラエティ豊かにご紹介。

揃えておきたい

基本の鍋 フライパン

C

A

D

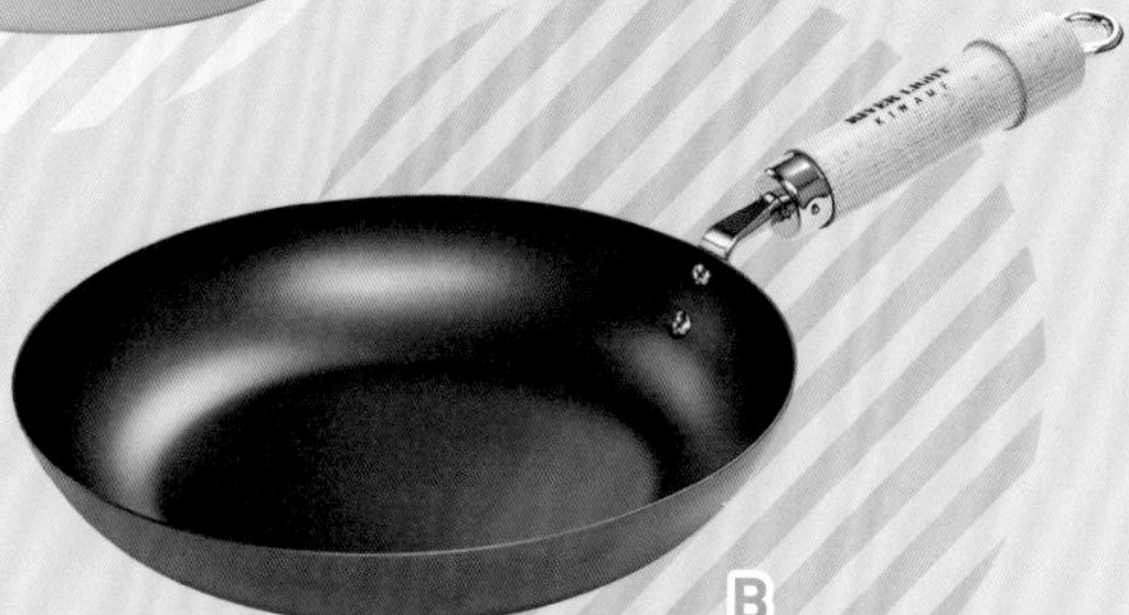

B

MEYER（マイヤー） D
ハイプレッシャークッカー 5.5L
2万4200円

国内最高クラスの超高圧（140kPa）圧力鍋。加圧時間の短さが最大の特徴で、カレーなら15分、炊飯なら2分の加圧で調理完了！ 操作も簡単で、蓋の開閉はワンタッチ・片手でOK。圧力がかかりすぎないように調整をするセーフティーバルブなど、さまざまな安全装置を装備しているので、高圧力鍋初心者にもおすすめしたい。

Alfi（アルフィ） C
シュトラール 片手鍋 16cm
6600円

ドイツ語で「光」を意味するSTRAHL（シュトラール）という名前の通り、輝くステンレスの鏡面が魅力。底部分はアルミをステンレスで挟んだカプセル構造で、熱ムラが少なく食材に均一に熱を伝えることができる。内側には水位線がついており、容量が見やすいのもうれしいポイント。片手・両手・深型とシリーズで揃えたくなること間違いなし！

リバーライト B
極JAPAN フライパン24cm
7150円

鉄製のフライパンはサビやすく、手入れが大変というイメージを持つ人も多いはず。しかし、特殊熱処理・窒化鉄を採用した「極JAPAN」は、サビにくく、丈夫で傷にも強い上に、鉄フライパンの特徴である油なじみの良さや熱伝導率の良さはそのままに、という理想的なアイテムだ。洗剤なしのたわしでガシガシ洗えるタフさも魅力的。

STAUB（ストウブ） A
ピコ・ココット オーバル 23cm
カンパーニュ　3万1900円

フランス北東部アルザス地方で誕生した鋳物ホーロー鍋。熱伝導と保温性に優れているためシチューやスープなどの煮込み料理に最適。しっかりと閉まる重たい蓋と、蓋の内側にある小さな突起により無水調理もできる優れもの。直火・オーブン・IHに対応という万能さに加え、お洒落なビジュアルも人気の理由だ。

あると便利！
時短グッズ

TANITA（タニタ）
デジタル温度計 TT-P01-IV
1650円
E

温度がひと目でわかるデジタル温度計は、フライなどの揚げ物調理に必要不可欠。センサー部分が140mmと長く、火元から手を離して測定できるため、やけどのリスクも軽減できる。磁石・フック穴付きで収納もラクラク。

Russell Hobbs（ラッセルホブス）
電動ミル ソルト&ペッパー ミニ シルバー
5500円
F

ワンプッシュでこしょうや岩塩を挽ける電動ミル。片手で操作できるので、料理の仕上げや食事中のひと足しにも便利。粗めや細かめなど、好みの挽き方に調整できる。ハンディタイプのコンパクトサイズで使いやすい！

BRUNO（ブルーノ）
マルチスティックブレンダーGRG
7150円
G

アタッチメントを付け替えることで、潰す・混ぜる・刻む・砕く・泡立てるの5役をこなす万能家電。ハンディタイプで小回りがきくため、鍋やボウルに直接入れて使えるのが特徴。手入れが簡単で、洗いやすいのも◎。

シェフランド
ポテトマッシャー
2310円
H

飽きのこないシンプルなデザインのマッシャー。丈夫なステンレス製で、力を入れやすい。持ち手部分の内部は樹脂でできており、熱が伝わりにくい構造に。これ1本でコロッケやポテトサラダ作りがはかどるはず！

Toffy（トフィー）
プッシュサラダスピナー&スライサーセット
3850円
I

ハンドルを押すだけで高速回転し、野菜をしっかり水切りできるサラダスピナーとスライサーが1台に。付属のカッタープレート5種類は多彩な切り方に対応。すべてのパーツが容器に収まるので、コンパクトに収納できる。

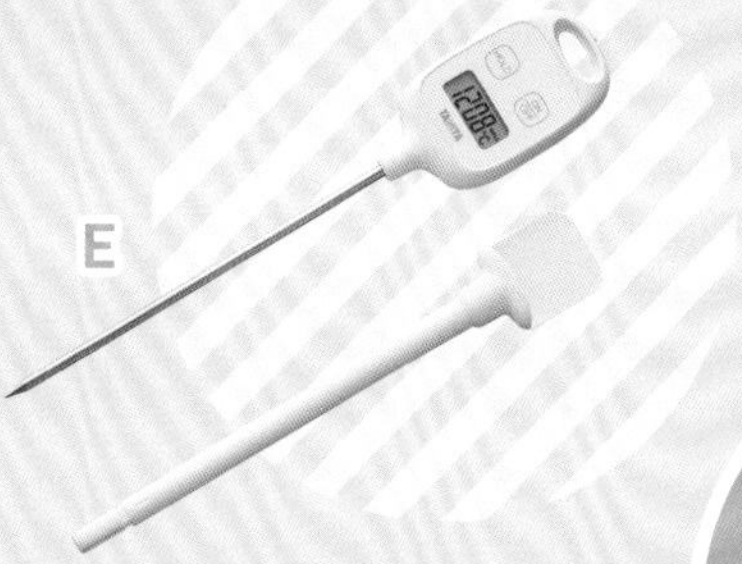
E

F

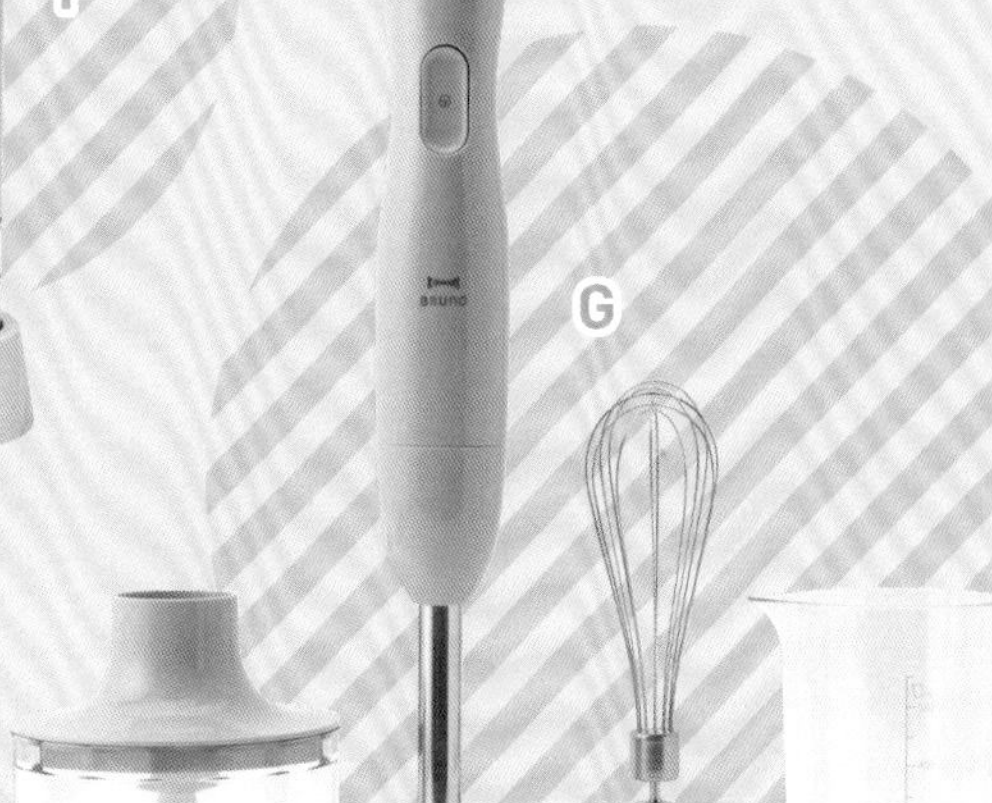
G

H

I

キッチンツールを探すなら
212 KITCHEN STORE

「世界で一番素敵なレストラン、それは我が家の食卓」をコンセプトに、世界中からセレクトしたキッチングッズを販売。全国に約80店舗を展開し、オンラインストアでもショッピングできる。

※商品の上代価格はメーカーによって変更されることがあります。また、廃盤になることもありますので予めご了承ください。

家庭の味をワンランクUP!

洋風調味料10選

いつもの料理にプラスすれば、本格洋食に早変わり!
今すぐ使いたくなる、便利な洋風調味料をピックアップ。

01

オーサワの野菜ブイヨン　464円／40g(5g×8包)

砂糖・動物性原料不使用の洋風だしの素。野菜の美味しさがぎゅっと凝縮され、スープやピラフ、カレーなどの洋風料理にぴったり。

オーサワジャパン株式会社　03-6701-5900

02

ゆとりのキッチン コンソメ　529円／70g

牛肉と鶏ガラの旨味に、玉ねぎの甘みと24種の香辛料をきかせた顆粒コンソメ。粒子が細かく、汁気の少ない料理でも溶けやすい!

株式会社ゆとりの空間　03-4590-8918

03

倉敷味工房 デミグラスソース　972円／360ml

牛スジ肉と香味野菜をじっくり煮込むことで、肉と野菜の旨味が引き立つ本格的な味わいに。ハンバーグやとんかつにも合う甘口タイプ。

倉敷鉱泉株式会社　0120-21-6020

04

ホワイトソース　624円／150g

国産小麦粉を丁寧に炒め、自家製ブーケガルニやオランダ産エダムチーズで本場フランスの味を再現。粉末タイプで簡単に使える。

株式会社エム・トゥ・エム　0467-84-9690

05

バリラ ポモドーロ　710円／400ｇ

甘みの強いイタリア産ダッテリーニトマトを使用したフレッシュなソース。万能トマト調味料として煮込み料理やハンバーグにも大活躍。

三菱食品　0120-561-789

06

宮崎タルタルソース　432円／180ｇ

チキン南蛮の本場・宮崎で作られるタルタルソース。とろっとまろやかながらもしつこさはなく、エビフライや魚のムニエルとも好相性！

ヤマエ食品工業株式会社　0986-22-4611

07

飛騨清見ソース　432円／300ml

野菜と果実をふんだんに使ったフルーティーな甘口中濃ソース。やさしくまろやかな口当たりで、シチューやカレーの隠し味にも◎。

㈱ふるさと清見21　0577-68-2957

08

黄昏マスタード　1400円／140ｇ

北海道のジンギスカン専門店・らむ亭が、門外不出の生ダレで熟成した粒マスタード。和洋中に使えるオールマイティな一品。

有限会社らむ亭　0155-64-5440

09

ロリーナパルメザンチーズ　1134円／227ｇ

10カ月間熟成させたチーズを使用しており、豊かな香りとコク、しっとり食感が特徴。大容量でたっぷり使えるのもうれしいポイント。

有限会社ボーアンドボン　03-3778-6799

10

カントリーハーヴェスト有機トマトケチャップ
410円／300ｇ

完熟トマトをはじめ、砂糖、醸造酢、玉ねぎ、香辛料まで100％オーガニック素材。トマトの旨味が凝縮されたマイルドな味わい。

高橋ソース株式会社　0495-24-1641

東京・大阪　名店の味が再現できる!

ひみつの町洋食レシピ

2023年11月30日　第1刷発行

編　著　朝日新聞出版
発行者　片桐圭子
発行所　朝日新聞出版
〒104-8011　東京都中央区築地5-3-2
(お問い合わせ) infojitsuyo@asahi.com
印刷所　大日本印刷株式会社

ISBN　978-4-02-334142-5

STAFF

企画・編集
塩澤 巧（朝日新聞出版）

取材・編集
ピース（西川 和／上田亜矢／田中千裕／伊藤亜希子／樋野泰子）
森岡美香／丹下紋香／黒田奈保子／西谷 渉／安田彩華
鈴木聖子／管野貴之／下村千秋／久保田瑛理

デザイン
ピース（長谷川歩／中村和斗／村井美緒）

校正
関根志野／伊藤剛平

撮影
深澤慎平／柏木ゆり／菅 朋香／木村正史／村瀬高司
武田憲久／田村和成／大﨑俊典／キムラミハル